SeaEagle

SeaEagle

華爾街最會賺錢的天才！

巴菲特的價值投資與彼得・林區的趨勢投資

Value Investing
and Trend Investin

說到投資，
沒有人比巴菲特和彼得・林區更厲害

華倫・巴菲特和**彼得・林區**是現代最偉大的兩位投資家……
我想要用「**天才**」這個詞語來形容他們！
—美國共同基金之父 羅伊・紐伯格 Roy Neuberger

巴菲特說：「**不要以價格決定**是否購買股票，
而是要**取決於這個企業的價值**。」

彼得・林區說：「投資股票，最基本的就是**順勢而為**

康成福／著

前言

做股票最基本的是要「順勢而為」，這裡的「勢」就是「趨勢」。如果你看準了趨勢，並且主動和趨勢保持一致，技術分析的作用就下降了至少一半；反之，如果擰著趨勢執意而為，技術分析也毫無回天之力。在這個方面，世界上公認做得最好的是華爾街的「魔術師」彼得・林區。

假設你面前有一個煤堆，你打算花多少錢買下它？為了回答這個問題，你要到煤炭市場上瞭解一下煤炭的行情，然後計算你的出價。這時，忽然來了一個人願意以你的出價的三倍買下這堆煤，你覺得這個人瘋掉了。但實際上正好相反，這個人透過某種技術分析知道這堆煤下面藏著一堆金子，因此其真實價值遠不止看上去的那麼簡單……這個比喻講的就是價值投資。如果你發現一支股票被低估了很多，你買進後什麼都不用做，只須等到股價補漲到真實價值附近拋出即可獲利。依靠這個理念發家致富的全球偶像華倫・巴菲特，其取得的成就至今無人能出其右。

我在投資生涯的起初階段，在同事和前輩的指點下，閱讀了大量的專業書籍，每日在江波圖、陰陽K線、均線分析的文字指點下比照實盤進行臨摹研究，頗有心得。成為職業操盤手後，每每小有成就必會心生感慨，懷念當年用功的燈下時光。

最近兩三年，隨著職業歷練的累積，驀然回首，發現曾經得心應手的各種分析工具已經被我漸漸放在一旁，就如同荒廢農事的農民，忽然發現耕田的鋤頭落滿了灰塵，心中暗吃一驚。仔細再一一想來，那些入門必學的各種技術，其實早已成為我工作習慣的一部分，雖未必日日操練，但他們卻無時無刻不在支持我的投資事業。因此，應該不僅沾染不了塵埃，反而是在疾風勁雨中默默挺立！

如果把技術比喻成基石或者支柱，其上的華廈是什麼？我的答案是心理的修煉和基本的投資思想。關於投資思想，我歸納為兩種：趨勢投資思想和價值投資思想。

因此，在我的著述計畫中，我把我自己學習彼得・林區和巴菲特的心得體會，與其他同行的研究一起進行歸納整理，寫成本書。

相信讀者諸君和我一樣，會從他們的經歷和所公開的投資經驗中，深刻領悟「趨勢投資」和「價值投資」的深刻思想。我之所以稱之為思想，是因為你只可領悟其中的觀念和道理，絕對照搬照抄不來。他們就如同武俠世界中的「九陽神功」，雖無一招半式，但卻能讓領悟其中境界者天下無敵。

目錄 CONTENTS

華爾街最會賺錢的天才！

巴菲特：「不要以價格決定是否購買股票，而是要取決於這個企業的價值。」

華爾街最會賺錢的天才！

華倫・巴菲特（Warren Buffett）一九三〇年八月三十日出生在美國內布拉斯加州的奧馬哈市。他從小就極具投資意識，一九四一年，十一歲的巴菲特購買了平生第一支股票。一九四七年，巴菲特進入賓夕法尼亞大學攻讀財務和商業管理。兩年後，巴菲特考入哥倫比亞大學金融系，拜師於著名投資理論學家班傑明・葛拉漢。一九五六年，他回到家鄉創辦「巴菲特有限公司」。一九六四年，巴菲特的個人財富達到四百萬美元，此時他掌管的資金已經高達二千二百萬美元。一九六五年，三十五歲的巴菲特收購一家名為波克夏・海瑟威的紡織企業，一九九四年年底已經發展成為擁有二百三十億美元的波克夏工業王國，由一家紡紗廠變成巴菲特龐大的投資金融集團。他的股票在三十年間上漲了二千倍，而標準普爾五〇〇指數內的股票平均才上漲了近五十倍。多年來，在《富比世》一年一度的全球富豪榜上，巴菲特一直穩居前三名。

華倫・巴菲特被世人譽為股神，他創造的許多奇蹟，在投資界被傳為佳話。毫不誇張地說，他是當今世界最為精明的股市投資者。他那獨特、深刻但又易於理解和操作的投資智慧和哲學已經成為全球股票投資者的「聖經」！

彼得・林區：「投資股票，最基本的就是順勢而為！」

彼得·林區是美國乃至全球首屈一指的投資專家。他對共同基金的貢獻，就像喬丹對於籃球的貢獻一樣。他曾在麥哲倫公司擔任總經理，在短短的十三年間，他使該公司的資產高達一百四十億美元，並使該基金成為世界上最成功的基金之一。

這樣傲人的業績是許多基金經理都望塵莫及的，美國《時代週刊》稱彼得·林區是「第一理財家」，更有人讚譽林區為「股票投資領域中的最成功者」、「一位超級投資巨星」。

彼得·林區也由此成為美國紐約華爾街上家喻戶曉的人物。彼得·林區的成功在於他對股票獨特的投資理念和技巧。本書作者仔細研讀了彼得·林區的著作，並結合自己在證券市場多年的實戰和研究經驗對林區的投資理念進行深入注解。在系統歸納和總結的基礎上，作者詳細闡述了彼得·林區的股票投資方法和理論以及這些理論、技巧，尤其針對個人投資者的投資實踐進行深入探討。對於廣大從事證券投資的讀者來說，本書具有較大的參考價值，同時對開拓投資者視野、提升投資者修養會有所幫助。只要用心對股票做一點點研究，普通投資者也能成為股票投資專家，並且在選股方面做出像專家一樣出色的成績。

投資機會隨處可見。只要你和彼得·林區一樣，仔細觀察商業的發展趨勢，留心周圍的世界——比如從購物中心到自己工作的地方，你就可以比專業分析人員更早地發現那些潛在的、會大獲成功的公司。書中撇開複雜的理論陳述、枯燥的技術分析，用非常通俗、生動的語言，描述了彼得·林區的股市實戰經歷和選股原則，並且為散戶投資者提煉了一些非常實用的啟示。讀者會在饒有趣味的閱讀中，不知不覺獲得教益。

認識企業的內在價值

—華倫．巴菲特—

巴菲特的老師葛拉漢認為，股票是具有「內在價值」的，巴菲特很好地繼承並且完善這個觀點。他認為，「內在價值是一個非常重要的概念，它為評估投資和企業的相對吸引力提供了唯一的邏輯手段。內在價值可以簡單地定義如下：它是一家企業在其餘下的生命中可以產生的現金流量的貼現值。」投資股票就是因為它具有內在價值，所以才值得投資。

巴菲特在四十多年的股票投資活動中，十分重視考察企業的內在價值。他確信，由於市場的非理性行為，某些股票的內在價值有時會被市場低估或高估，而股票的合理價值，最終會在市場中得到表現，這樣買入內在價值被市場低估的公司的股票，投資者就可以安全地獲利。

巴菲特一般根據企業的內在價值評估和把握公司狀況，並且判斷其未來境況是否光明遠大。巴菲特考慮持有吉列公司的普通股的時候，吉列公司各項財務指標，包括權益資本收益率和稅前盈餘率，都在不斷提高。而且，吉列有提高產品價格的能力，這保證了其權益資本收益率高於平均水準，公司的商譽也會隨著產品價格不斷提高。公司的高層管理者一直在盡力減少吉列公司的長期債務，努力提高公司股票的內在價值。這些都說明吉列股票值得購買，但巴菲特還要考慮吉列公司當前股票價格是否被高估。

一九九〇年年底，吉列的股東收益為二·七五億美元。從一九八七～一九九〇年，吉列的股東收益率每年以一六%的速度增長。儘管四年的時間還不能充分判斷公司是否具有長期成長性，但仍可作為一種參考的依據。一九九一年，巴菲特評價吉列公司和可口可樂公司時說：「吉列公司和可口可樂公司是世界上最好的兩個公司。我們堅信在未來的時間裡，他們的收入將以更強勁的速度增長。」

一九九一年美國政府發行的三十年期債券到期收益率為八·六五%，巴菲特為保守起見，以九%的折現率對吉列公司進行估價，發現吉列公司收入的未來成長率完全可以超過折現率。假設吉列在十年內收入以年均一五%的速度增長，十年後再以較低的五%成長率增長，以九%的折現率來折現吉列公司二十世紀九〇年代的股東收益，吉列公司內在價值約為一百六十億美元。如果把吉列未來十年成長率下調至一二%，公司內在價值約為一百二十六億美元，若下調至一〇%約為一百億美元。即使成長率下降到七%，公司內在價值仍達八十五億美元。由此可知，吉列內在價值符合投資條件。

由於吉列公司良好的管理水準，巴菲特對該公司的持續發展前景有很大的信心，在他四十多年的投資生涯中，始終不遺餘力地考察和研究企業的內在價值。為此，他也獲得極高的投資收益率。

巴菲特認為，評估股票內在價值的最大難題，在於它必須根據公司未來的業務發展情況來進行，而未來業務發展具有動態性、不確定性，而且預測時間又長，所以很難精確。從這個角度看，內在價值的評估既是一門科學，也是一種藝術。而且，它只能是一種估計值，不可能非常精確。但是，大致準確的價值評估所構成的區間範圍，對股票投資決策仍然會產生應有的作用。

關注身邊的小事

—彼得‧林區—

資訊對於投資者來說，就如水對於魚一樣重要。許多投資者成功的方法就是對有關資訊的敏感和及時掌握。在收集到大量資訊以後，投資者經過整理和分析可以判斷出這些資訊可能對投資市場產生的影響。

我們經常抱怨沒有時間和精力去瞭解上市公司，進而失去投資的最好時機。其實，最可靠的投資機會就在我們身邊，我們可以從生活的社區開始找，從熟悉的購物中心找，或者從工作領域中找，從這些地方得到的消息都是我們熟悉而可靠的資訊。

如果你是某公司的業務員，你很清楚如果公司上市後是否會受到更多投資者的關注，因為你很瞭解公司上市前的內部情況。相應的，會計、管理者、行政人員、法律顧問、供應商、合作夥伴、顧客甚至清潔工都會察覺到公司的潛力。

與此同時，你感覺購買保險時保險的價格在上升，這是一個保險行業轉好的信號，也許應該考慮購買一些保險公司的股票，或者供應商感覺到原物料的價格持續上升，原物料的經營企業也是不錯的考慮對象。

可見，投資機會無處不在，它經常出現在我們周圍。林區和他的家人以及一些朋友開的VOLVO汽車讓他發現了VOLVO公司股票；他的孩子、公司系統管理員對蘋果電腦的喜愛讓他買入了蘋果電腦股票；從事喪葬行業的ＳＣＩ公司是他的一位同事在旅行途中發現的，這支毫不知名的公司股票後來的漲幅驚人；他的妻子對Leggs公司的超級讚賞讓他找到了一支上漲三倍以上的股票。

發現美體小舖（Body Shop）的過程也是一個範例。那是耶誕節前，林區帶著女兒去柏林頓購物中心採購禮品，一進門孩子們就直奔這家小店。這家小店賣的產品很獨特，比如香蕉和草莓製成的沐浴乳、蜂蠟染眉毛油、水果味唇膏、胡蘿蔔保濕膏、蘭花油洗面乳、海底泥沐浴乳等。雖然林區不欣賞這些產品，卻被顧客盈門的景象所感染，他發現這家小店的銷售額接近於大商場的三成。於是他想到了公司分析師曾推薦過這家公司的股票，還想到了公司有位女同事史蒂芬森放棄高薪職位，自己出錢加盟了一家美容小店，並發現她就是這家門市的老闆。

林區從經紀公司的分析報告以及與史蒂芬森的交流中瞭解到，這家英國公司由一位家庭主婦發起，一九八四年發行股票並且在倫敦掛牌，很快發展成專營水果護膚品的國際特許連鎖企業。公司產品成功的秘訣在於採用天然原料，賣點是健康而不是美麗，產品價格比折扣店貴，卻比專賣店便宜，因此其每平方英尺營業面積銷售額在加拿大是零售店裡最高的。史蒂芬森的經驗是經營這樣的連鎖店當年就可盈利，因此她打算再開一家新店，為此公司董事長特地從英國趕來考察，說明公司對業務擴張的審慎態度。林區的結論是，這家公司的統一經營模式、擴展計畫、資產負債等情況良好，年增長率二五%～三〇%，是一家體質優良的好公司。

大多數人都不善於抓住身邊看得見、摸得著的投資機會，例如，醫生明知道哪家藥廠的藥最好，但他不一定去買這家醫藥公司的股票；銀行家深知哪家銀行最具競爭力，卻未必會去買它的股票。實際上，只要學會以投資者的眼光來看世界，就會發現到處都是潛在的投資機會。

林區的投資經驗就驗證了眼光的重要性。林區有個很經典的做法，從同行或上下游關係中由此及彼發現好股票。林區曾接待過簡貝爾行銷公司（一家珠寶供應商）的高級主管，他們在描述公司業務時，談到了他們的客戶——許多折扣店旺盛的銷售。林區由此要求公司的分析師對這些折扣店作專題研究。研究顯示，這些公司IPO（首次公開募股）後備受冷遇，可謂物美價廉，林區果然在這些股票上賺了錢。

但林區最有特色的選股方法是他自創的投資策略——漫步購物中心。具體說，就是在距林區所住的麻本海德鎮二十五英里的柏林頓購物中心漫步。這個柏林頓購物中心在林區看來像是一個美國老式城鎮的中心，有池塘、公園、大樹。池塘的對面是一字排開的四家商場，池塘邊的兩層商業大廈分布著一百六十多家獨立的商店。這樣大而全的購物中心全美有四百五十座，在林區看來是發掘好股票的金礦。林區在逛購物中心時一路看到的有家居超市、雷米特、蓋普、沃爾瑪等零售企業，這些企業的有些股票從一九八六～一九九一年漲了五十倍；「電器小屋」一九七〇～一九八二年漲了一百倍；連鎖店「我們是玩具」的股價則從二十五美分漲至三十六美元；萊維茲家具漲了一百倍。

在林區看來，這些各有特色的零售企業適應了美國後工業時代的生活潮流而奪得市場先機，尋找這些企業最好的線索，就是它們聚集的購物中心。在這裡，你可以就近觀察它們的產品與顧客，可以感受它們的市場脈動。

林區認為，對於投資者來說，利用自己的生活常識，仔細觀察日常生活中的各種產品，選擇那些生產自己相當瞭解的產品的公司股票，是成功投資的最好出發點。從日常生活受到消費者歡迎的產品中，發現有良好發展前景的公司，是成功投資的第一步。散戶戰勝專業投資者的捷徑就是從最普通的生活常識出發，尋找那些投資專家們根本不會注意的無名卻發展迅速的高成長公司股票。在每個行業、每個地區，觀察力敏銳的投資者可能在投資專家之前很早就已經發現了高成長的企業。

被低估的股票才值得買

—華倫・巴菲特—

巴菲特認為，購買被市場忽視的股票往往能夠獲利。他特別擅長尋找價值被低估的股票，持有或者參與經營，然後等待股票價值上升。

巴菲特認為，人雖然不能預測股市波動，但卻能夠很直觀地看出股票價格的高低。投資人可以從一堆低價股當中挖掘，或從大盤在高點時所忽略的股票中找出價值被低估的股票。價值被低估的企業成為「特別情況」類股的時候，也是股價到最低點，並且風險性很大的時候，企業的股價所以下挫至低價位，通常和公司營運或財務陷入危機有很大的關係。但此時，股價往往遠低於該公司的資產價值。因此，雖然經營狀況比較糟糕，仍然不失為較好的投資目標。

一九五六年，製造農用設備的丹普斯特・米爾製造公司的帳面價值高達每股七十二美元，而巴菲特買進這支股票的價格只有十八美元。顯而易見，巴菲特覺得投資這樣的股票沒有任何風險。這種投資方法，正是巴菲特一貫使用的價值投資法。

巴菲特合夥公司的一位股東在解釋這項投資時說，所有針對這家農用設備製造商的收購行為，都是按照以下原則進行的：先按照其帳面價值的二五%收購；再清算帳面價值的實際剩餘部分，用於其他投資；最後把核心業務納入母公司。一九五六年後的五年時間裡，巴菲特不斷買進這家公司的股票，直至收購這家公司。由於這家公司是該市最大的企業，該市為巴菲特收購這家公司股權提供不少的便利。這使得巴菲特合夥公司的淨資產就從初建時的十萬美元迅速增長到二千六百萬美元。

一九六二年，巴菲特收購波克夏公司，當時波克夏公司每股價值為十六美元，而買進這家公司股票的價格卻為七・六美元，這同樣符合他買進被低估的股票的觀點。

所以，巴菲特經常自豪地告訴別人：「我們歡迎市場下跌，因為它使我們能以新的、令人感到恐慌的便宜價格買到更多的股票。」他覺得當股價跌到「非常有吸引力」時，精心挑選出被「市場先生」看扁了的股票買入，剩下的事情就只是等待價格上漲獲得收益了。

找到安全邊際

—彼得·林區—

林區認為，長期而言，一家公司業績表現肯定與其股價表現是完全相關的。弄清楚短期內股票的投資安全邊際和長期業績表現，是投資賺錢的關鍵。耐心持有，終有回報。

對投資者而言，表現最好的公司來自擁有知名品牌的日常消費品行業和製藥行業。西格爾透過對一九五七～二〇〇三年標準普爾五〇〇指數成分股的資料分析，找出了長期投資中成為贏家的三個部門，它們是衛生保健部門、日常消費品部門和能源部門。前兩者佔據了標準普爾五〇〇指數二十家最佳倖存公司九〇%的名額。

尋找偉大公司，首先要理解投資者收益的基本原理。西格爾得出的投資者收益的基本原理：股票的長期收益不是依賴於實際的利潤增長情況，而是取決於實際的利潤增長與投資者預期的利潤增長之間存在的差異。投資者對於增長的不懈追求——尋找激動人心的高新技術、購買熱門股票、追逐擴張產業、投資於快速發展的國家，經常帶給投資者糟糕的回報（西格爾教授稱之為「增長率陷阱」）。顯然，增長率陷阱是投資者通向投資成功之路上最難逾越的一道障礙。

大部分表現最好的公司特徵：

- 略高於平均水準的本益比。
- 與平均水準持平的殖利率。
- 遠高於平均水準的長期利潤增長率。

表現最好的股票名單中，找不到科技或電信類公司的名字。

投資本益比最低的、增長預期較溫和的股票的投資組合，遠遠強過投資高價格、高預期股票的投資組合。

準備好為好股票掏錢，不過要記住，沒有什麼東西值得「在任何價格下買入」。

所以，增長率不能單獨決定一支股票長期收益的高低，只有當增長率超過投資者對股價過於樂觀的預期時，高收益率才能實現。根據這個原理，只要真實的利潤增長率超過了市場預期的水準，投資者就能贏得高額收益。

投資者對增長率的期望都表現在股票價格之中，本益比是衡量市場預期水準的最好指標。

高本益比意味著投資者預期該公司的利潤增長率會高於市場平均水準。

不管泡沫是否存在，定價永遠是重要的。那些為了追求增長率捨得付出任何代價的人，最終將會被市場狠狠地懲罰。定價如此重要的原因之一是它影響到股利的再投資。股利的再投資是長期股票投資獲利的關鍵因素。股利的再投資策略將會是你的「熊市保護傘」和牛市中的「收益加速器」。

總之，價值投資如果只用一個詞來描述其精髓，那就是「安全邊際」這個詞。西格爾教授的忠告「定價永遠是重要的」，正好說明了「投資者的未來」用歷史資料驗證了價值投資的精髓。

站在購買公司的角度考慮問題

—華倫・巴菲特—

巴菲特認為，股票並非一個抽象的東西，投資人買入的股票，決定其價值的不是市場，也不是宏觀經濟，而是公司的經營情況。巴菲特說：「在投資中，我們把自己看成是公司分析師，而不是市場分析師，也不是宏觀經濟分析師，甚至也不是證券分析師……最終，我們的經濟命運將取決於擁有的公司的經濟命運，無論我們的所有權是部分的還是全部的。」

「在我購買一支股票的時候，我會像購買整個公司那樣去考慮，就像我沿著大街找到一家可以收購的商店一樣。如果我想收購一家商店，我會瞭解這條大街上的每一家商店，瞭解每一家商店的所有方面。我可以根據華德・迪士尼在一九六六年上半年的股票市場價格分析公司的價值。當時的股票價格是每股五十三美元，這個價格還是比較高的。但是，想到可以買到整個公司，《白雪公主》等其他動畫片的票房收入就值很多，這一點代價也就不足掛齒了。這樣，就擁有了迪士尼樂園和華德・迪士尼電影公司這樣的合作夥伴。」

巴菲特在選股的時候，總是先要考慮所選擇公司的管理狀況、金融業績以及現行的股票價格。這樣做的目的就是尋求購買潛在價值被大打折扣的股票，這類股票的特點是價格與收益比率較低及股息收益較高，或者是帳面價值與實際價值比率較低。很多投資者認為增值與成長之間的關係是對立的，應該在兩者中取其一。巴菲特認為，增值與成長是相吻合的。他說：「將『增值』股與『成長』股嚴格區分開的整個做法都是無稽之談。這種做法為那些已退休的基金管理者空談投資方法並以此收取費用大開方便之門，也為投資顧問的彼此區分大開方便之門。但是就我來說，所有聰明的投資都應是增值投資。」要進行增值投資，就必須關注企業是否具有持續的競爭優勢。

巴菲特一直以來都很關注公司的持續競爭優勢。二〇〇〇年四月在波克夏公司股東大會上，巴菲特在回答一個關於競爭優勢問題時指出，企業持續競爭優勢的分析和判斷是投資中最重要的。

巴菲特說：「長期的可持續競爭優勢是任何企業經營的核心。這正是投資的關鍵所在。理解這一點的最佳途徑，就是研究分析那些已經取得長期的可持續競爭優勢的企業。對於投資來說，關鍵不是確定某個產業對社會的影響力有多大，或者這個產業將會增長多少，而是要確定所選擇的每一家企業的競爭優勢，而且更重要的是確定這種優勢的持續性。那些提供的產品或服務具有很強競爭優勢的企業能為投資者帶來滿意的回報。」

巴菲特曾經對一些學生描述自己分析公司競爭優勢的方法：「一段時間內，我會選擇某一個行業，對其中幾家公司進行深入研究。我不會聽從任何關於這個行業的言論，我努力進行獨立思考，然後找出答案……比如我挑選的是一家保險公司或一家紙業公司，我就會這樣想像：如果我繼承了這家公司，而且它將是我永遠持有的財產，我將如何管理這家公司？我應該考慮哪些因素的影響？我需要擔心什麼？誰是我的競爭對手？誰是我的客戶？我將走出辦公室與客戶談話，從這些談話中會發現，這家企業與其他企業相比，具有哪些優勢與劣勢？如果進行如此的分析，肯定會比管理層更加瞭解這家公司。」

巴菲特將競爭優勢壁壘比喻為保護企業的護城河，強大的競爭優勢像護城河保護著企業的超額盈利能力：「我們喜歡擁有這樣的護城河，河裡游滿了鯊魚和鱷魚，足以抵擋外來的闖入者——有成千上萬想奪走我們市場的競爭者。我們認為護城河是不可跨越的，並且每一年我們都讓管理者進一步加寬護城河，即使這樣做不能提高當年的盈利。」

巴菲特在波克夏公司一九九三年的年報中稱可口可樂和吉列是擁有持續競爭優勢企業的典範：「它們在近年來不斷地增加全球市場的佔有率、品牌的巨大吸引力、產品的出眾性與銷售管道的強大實力，使得它們擁有超強的競爭力，就像是在它們的經濟城堡外形成一條護城河。

相比之下，一般的公司每天都在沒有任何保障的情況下浴血奮戰。」

只有可以長期持續的競爭優勢，才能為公司創造良好的長期發展前景，也才能成就基業常青的優秀公司。巴菲特從一九七七年就確立了這個選股原則，至今不變。

「我們的重點在於試圖尋找到那些在未來十年，或者十五年，或者二十年後，企業經營情況是可以預測的企業。」巴菲特最渴望的企業競爭優勢持續性是那種未來「註定必然如此」的競爭優勢。巴菲特同時也告訴我們，即使他尋覓一生，也只能發現很少「註定必然如此」的公司，所以我們在確認一家企業是否優秀之前，一定要十分慎重再慎重。

巴菲特一再強調：「投資人必須瞭解一些公司，包括一些產業，否則根本沒有所謂的長期投資策略。」投資人到底要瞭解公司的什麼？他的經歷告訴我們，應該去盡可能多地瞭解企業的業務經營情況，即企業的業務是否長期穩定？企業的業務是否具有經濟特許權，現在是否具有強大的競爭優勢？

由於巴菲特進行長期投資，所以他非常重視企業是否可以長期穩定的發展，並且能保持良好的長期發展前景。企業的長期穩定和發展前景取決於許多不確定性因素，分析判斷起來非常困難。巴菲特為了提高對企業長期發展前景的準確性，在選股時嚴格要求被投資公司必須有長期穩定的經營歷史，這樣他才能夠據此分析並確信公司有良好的發展前景，公司未來能繼續長期穩定經營，繼續為股東創造價值。

許多公司管理層與投資者希望公司開拓新業務，形成新的增長點。巴菲特卻認為公司應該保持穩定的業績，在原有的業務上做強，使競爭優勢長期持續。因此巴菲特最喜歡投資的是那些經營狀況不太可能發生重大變化的公司和產業。

許多投資者非常喜歡投資於正在進行或是即將進行重組的公司股票，他們認為這些公司有可能會「鹹魚大翻身」，股價會有巨大的增長。針對這種狀況，巴菲特在波克夏公司一九八〇年的年報中指出：在過去的年報中我們曾談到購買和經營鹹魚翻身類型公司的結果經常讓人大失所望。這些年我們大約先後接觸了數十個產業中數百家具有「鹹魚翻身」可能性的公司，不管是作為當事人還是旁觀者，我們持續追蹤著這些公司的業績並與原來的預期比較。我們的結論是除了極少數例外，大多數都失敗了。既然只有很少企業可以鹹魚大翻身，投資人最好還是避開這些「魚」，只去追求好的企業。

巴菲特認為，企業具有長期持續競爭力的根本原因在於「經濟特許權」。一項經濟特許權的形成，來自於具有以下特徵的一種產品或服務：一、**顧客需要或者希望得到的**，二、**被顧客認定為找不到類似的替代品**，三、**不受價格上的管制**。這三個特點的存在優勢，將會表現為一個公司能夠對自己提供的產品或服務進行主動提價，進而賺取更高的資本報酬率。不僅如此，經濟特許權還能夠容忍不當的管理，能力差的經理人雖然會降低企業的獲利能力，但是不會對它造成致命的傷害。相對而言，一般企業想要獲取超額利潤只有兩種途徑：成為低成本營運商，或是使提供的產品或服務供不應求。關於第一種途徑，儘管透過卓越的管理，一家公司可以長期維持低成本營運，但是即使如此，還是會面臨競爭對手攻擊的可能性。第二種途徑供不應求的情況通常持續不了多久。而且與經濟特許權企業不同的是，一般企業會因為管理不善而倒閉。

根據《財富》雜誌一九八八年出版的投資人手冊，在全美五〇〇大製造企業與五〇〇大服務企業中，只有六家公司過去十年的股東權益報酬率超過三〇%，最高的一家也只有四〇・二%。在一九七七～一九八六年間，總計　千家企業中只有二十五家能夠達到業績優異的雙重標準。這些企業出售的產品大多和十年前基本上完全相同，但是其良好的經營記錄證實：相當強大的經濟特許權，或者專注於一個遙遙領先的核心業務，往往是形成非常出眾的競爭優勢的根本所在。

要瞭解企業還需要去衡量企業的管理，這比衡量企業的財務業績難度更大。巴菲特在投資之前，都要花時間對管理進行評估，這是因為它會對今後的金融業績給出早期的警告信號。如果你對管理層的所言所為進行仔細觀察，就會發現衡量他們工作價值的線索。這種對管理工作的衡量，比出現在之後公司財務報告中或報紙金融版中對公司管理的衡量要早得多。

跟蹤追尋過去幾年的年度報告，你會逐漸對公司的管理歷史有所感知。你還可以透過媒體瞭解所持股的公司。留意管理人員所說的話，以及其他人對管理人員的評論文章。如果你注意到公司總裁最近發表了演講或做了報告，你應從投資關係部門拿到演講稿並仔細閱讀。上網搜尋公司的網站並且獲取最新的消息。總之，透過一切辦法瞭解管理層。重要的一點是，不要忘記評估管理。資訊掌握得越多，獲取的線索越多，你就越能準確而容易地評估管理。你瞭解的資訊最終都會影響到你的股價，所以你必須提前瞭解這些資訊。

巴菲特認為，在進行投資的時候，先要精確評估企業的內在價值。投資者應該怎樣正確理解這句話？通常情況下，巴菲特把一家公司的價值分為市場價值、帳面價值、內在價值。市場價值就是在股票市場上每一股股票的價格；帳面價值是指企業財務報表所呈現的淨值；內在價值則是投資人花再多力氣也要判定出來的公司的真正價值。因為內在價值可能比市場價值要高，也可能比帳面價值還低，但是巴菲特認為，只有判定這家公司的內在價值，投資人才能決定該不該買進這家公司的股票。

問題是，怎麼精確地評估一家公司的內在價值？巴菲特認為，先決條件是要「遠離市場的干擾」，評估的方法主要有三種：**一是盈利能力分析，二是成長性分析，三是淨資產分析。**

盈利能力分析是衡量內在價值的首要標準。它是從公司的損益表出發，認為內在價值就是現有收益經過適當調整後得到的價值，它等於公司資產的重置成本。這種盈利能力價值也就是公司資產加上公司特許經營權帶來的競爭優勢。特許經營權包括先進的管理或政府的特別許可等，也許它不如純粹的競爭優勢持久，因而對這個價值的估計不如對資產價值的估計可靠。這裡最關鍵的是對現有收益的調整，主要應該包括糾正對會計概念的錯誤理解，解決折舊、攤提與恢復年初資產水準再投資的差異，經濟週期及其他暫時因素等。通常會出現三種情況：一是公司的盈利能力價值遠遠低於資產的重置價值；二是兩者基本相等；三是計算正確的盈利能力價值明顯高於資產的重置成本。顯然，應該選擇第三種，但是公司的競爭優勢究竟有多大、能夠維持多久是判斷的關鍵。

成長性分析是最有必要也是最難估計的一種方法，特別是預測未來很長一段時間的增長率就更難。而且在很多情況下，公司銷售率和利潤率的增長不會影響公司的內在價值，因為成長性更多地表現在應收帳款、存貨和設施設備的增加上，這些將會增加負債或者減少留存收益，減少可用於分配的現金數量，進而降低公司價值。

淨資產分析是其中最為直觀和簡單的方法。假設企業在自由進出、沒有競爭優勢的條件下，資產價值就是公司的內在價值，因而可以從企業的資產負債表著手，分析企業的資產狀況，而後挖掘出公司的內在價值。淨資產法有時又被稱為清算法，是指變賣企業所有資產，扣掉負債之後的淨值。這種方法的特點是假設企業不再存活，不考慮企業未來的盈利狀況，通常就將流動資產的淨值作為清算價值的粗略估計。運用這種方法，投資人能買到流動資產比流動負債及長期負債的總和多三〇%的公司，肯定會大賺一筆的。

展開實地調查研究
—彼得·林區—

林區試圖從一家公司發生重大變化時及早掌握資訊，進而決定是否投資於這支股票。

一般來說，從一家公司發生變化到這種變化反映到股價上，往往有一個月到三年的間隔。林區希望搶在人先，利用這個間隙做買賣。林區除了經常找投資的公司經理通話以外（這要比財務報告出來後再分析，在時間上更有利），另一項為大多數優秀的投資者欣賞的策略，就是詢問管理人員對競爭對手的看法。如果某公司管理人員對競爭對手進行嚴厲批評，那沒有什麼太多的參考價值；然而，如果管理人員對競爭對手讚譽有加，那就值得注意了，林區說不定會投資該公司的競爭對手，因為沒有人比競爭對手更瞭解一家公司，它得為創設新產品、佔領市場佔有率與這家公司天天競爭。有一次林區訪問聯合旅社，他被公司管理人員對他們的競爭對手拉克塔汽車旅館所懷有的尊敬深深觸動，第二大，他就迫不及待地與拉克塔汽車旅館的高級管理層通了電話，過了不久他又親自前去造訪，然後在三週的時間裡，他把麥哲倫基金總資本的三％投資於該公司。

向公司經理們打聽他的公司以外的情況，還有另一個意想不到的收穫：關於它的供應商或消費者的投資觀念。例如，建築工人們認為銷售比通常認識的行情要好，這就會促使林區開始考慮森林產品、水泥、石膏或其他建築材料。不過，林區同時也指出，跟你交談的人對行情真正瞭解的程度深淺將產生不同的結果。如果一家鋼鐵公司的老闆說將迅速改善工廠的狀況，這是一個可靠的資訊。但如果他說纖維光學業務將有重大進展，你最好應該到相關業內人士那裡尋求證實。然而很奇怪的是，投資者們很容易地就被沒有掌握真正秘密的不同產業的知名面人物所引誘。

林區當然也要閱讀大量的研究報告，但僅僅只是紙面上的東西是不足以讓他信服的，通常只有親自走訪過的公司，才會有機會納入他的投資視野。身為手握鉅資的基金經理，林區一直馬不停蹄地奔波於各家上市公司之間，他每月至少要走訪四十～五十家上市公司。他認為親自造訪一些自己認為值得花時間實地考察的公司，能為他的投資決策提供真實可靠的第一手資訊材料。

在《戰勝華爾街》一書中，林區提到，一九八二年在回答電視台主持人什麼是他「成功的秘密」時曾經說，「我每年要訪問二百家以上的公司和閱讀七百份年度報告」。不管怎樣，數量夠驚人的。林區不僅瞭解美國的上市公司，而且還到海外去尋找好股票，他曾坦承，「除了約翰・坦普，我是第一個重倉持有國外股票的國內基金經理」。在一九八五年九月中旬的一次國際研究活動中，林區花了三週時間研究了二十三家上市公司，收穫頗大。他在瑞典去了該國最大的公司富豪（VOLVO），而瑞典唯一的一個研究富豪汽車的分析員竟然沒有去過該公司。當時，富豪的股價是四美元，而富豪每股現金已經高達四美元。林區的妻子卡洛琳也到了歐洲，但他倆卻不能同去威尼斯，因為那裡找不到一家值得拜訪的上市公司。林區的癡迷程度可想而知。

結婚二十年，林區只度過兩個短暫假期。他曾經對約翰・雷恩回憶是如何度假的：「我去日本，花了五天的時間考察公司；在香港見到卡洛琳，於是我們在中國逗留了兩三天；然後我考察曼谷的公司，又在曼谷觀光；接著我飛往英格蘭，在那裡花了三四天考察公司。那是一段美好的時光。」但是，卡洛琳肯定不會認為那是「一段美好的時光」。

林區通常一天要接到幾十位經紀人的電話，每十個電話中他大約要回覆二個，但一般只交談九十秒鐘，而且還好幾次提示一點關鍵性的問題。他和他的研究助手每個月要對將近二千個公司做一遍檢查，假定每個電話五分鐘，這就需要每週花上四十個小時。

買入有發展前景企業的股票

—華倫・巴菲特—

費雪認為，某些具有獨特財務狀況的公司擁有某種潛力價值，即使某公司持續以低於它實質的價值來出售股票，如果該公司的獲利能夠得到不斷改善，股票價格就能上升。巴菲特對這個觀點也提出自己的看法，他認為，一個傑出有潛力的企業的經濟狀況是完全不同於那些一般企業的，如果能買到某家傑出企業，相對於一流企業的靜態價值，傑出企業會有擴張價值，其擴張價值最終會使股市帶動股票價格。

在巴菲特的財富經歷中，他的波克夏公司併購了不少有潛力的企業。巴菲特從一九八二年起在波克夏年報中多次公開聲明他併購企業的六條基本標準：一是公司規模較大，至少有五百萬美元的稅後淨利；二是有持續穩定的盈利能力；三是公司在少量舉債或不舉債情況下有良好的權益收益率水準；四是良好的管理；五是簡單易懂的業務；六是清楚的出售價格。

一九七二年，巴菲特購買了喜詩糖果公司。該公司每年以每磅一・九五美元的價格賣出一千六百萬磅的糖果，獲得四百萬美元的稅前利潤。巴菲特買它花了二千五百萬美元，是因為他覺得這家公司有一種未被開發出來的定價魔力，每磅一・九五美元的糖果可以很容易地以每磅二・二五美元的價錢賣出去。每磅三十美分的漲價，一千六百萬磅就可以額外收入四百八十萬美元，所以二千五百萬美元的購買價還是划算的。

巴菲特在這件事上從未雇過諮詢師，因為他知道每個加州人心中對喜詩糖果都有一些特殊的印象，他們認同這個牌子的糖。巴菲特說：「我們在一九七二年買下的喜詩糖果，從那之後，我們每年都在十二月二十六日，耶誕節後的第一天，就開始漲價。耶誕節期間我們賣了很多糖。第一年，我們賣了三千萬磅糖果，一磅賺二美元，總共賺了六千萬美元。十年後，我們會賺得更多。在那六千萬美元收入中，有五千五百萬美元是在耶誕節前三週賺的。這確實是一樁好生意。」

巴菲特購買企業與購買股票的標準是一致的，即遵循成長型價值投資。也許有人會問，小投資者手中的資金有限，接受的訊息量有限，甚至能夠投入的時間也有限，怎麼可能像巴菲特那樣購買並擁有企業？巴菲特給出了答案，他說：「當我還在經營自己的合夥人企業時，我曾經對自己做過的所有的大宗交易與小宗交易做過一次回顧性的研究。我發現在大宗交易上的成績要遠遠好於在小宗交易上的成績。這個現象不難理解，因為我們在進行每一項大宗投資之前，都會去考察很多東西，對企業的瞭解也因此更為透徹，而在進行小的投資決策前，我們的表現則顯得粗心大意。」

投資者可能投資金額不多，也不好效仿巴菲特購買企業的方法，但是可以從這種方法中借鑑經驗：重視企業潛在的價值。其實，小投資者擁有巴菲特沒有的自由優勢，擁有更廣泛的選擇股票的自由。此外，在購買股票時的操作也簡單得多，不需要與別人談判，「市場先生」每天都會給你一個報價，你只需要考慮一個問題——企業與價格。

打電話給目標公司

—彼得·林區—

在打電話給公司之前，林區建議投資者提前準備好自己要問的，沒有必要一開始就問：「為什麼你們公司的股票在下跌？」一直接問為什麼股票會下跌，會讓對方認為你只是一個初入股市的菜鳥，根本不值得認真對待，隨便敷衍一下就行了。因為在大多數情況下，上市公司自己也不知道為什麼它們的股票會下跌。

談論公司收益是一個很好的話題，但是由於某些原因，直接向公司詢問「你們公司未來收益是多少」就像一個陌生人問你的年薪是多少一樣很不禮貌，想要讓對方容易接受，就要問得委婉巧妙：「華爾街對貴公司明年的收益預測是多少？」

眾所周知，公司未來的收益很難預測，即使是分析師們的預測，差別也很大，就連公司自己也不能確定它們未來的收益到底會是多少。寶潔公司（P＆G）的工作人員可能會對公司的未來收益十分清楚，因為這家公司生產八十種不同的產品，使用一百多種不同的商標，並且在一百多個不同的國家進行銷售，因此公司的收益比較穩定，容易預測。但是雷諾茲金屬公司（Reynolds Metals）的工作人員卻很難告訴你公司未來的收益可能是多少，因為公司的未來收益高低全部取決於鋁價的高低。如果你向菲爾普斯・道奇公司（Phelps Dodge）詢問明年收益是多少，菲爾普斯・道奇的工作人員會反過來問你未來鋁的價格是多少。

你從投資者關係部門挖掘資訊的正確方法，是談談你對公司未來發展前景的估計，探詢一下公司對你所做預測的反應如何，這些推理和預測是否合理，這些預測實現的把握有多大。如果你想知道泰胃美是否會對美國史克公司的盈利產生重大影響，公司可以告訴你這種影響有多大，而且他們還會為你提供泰胃美的最新銷售資料。

固特異輪胎真的需求滿載，都要排隊等上兩個月嗎？輪胎的價格真的像你根據當地銷售情況所做的判斷那樣上漲了嗎？今年有多少家Taco Bell連鎖店正在建設之中？百威啤酒公司的市場佔有率又增加了多少？伯利恆鋼鐵公司是在以滿負荷生產嗎？公司自己對下屬有線電視資產的市場價值估計是多少？如果你已經清晰地瞭解了公司未來發展的主線，你就會知道應該重點關注哪些關鍵問題。

如果你一開始詢問一個你已經做了一番研究的問題，溝通效果就更好了，比如：「我從上年的年報中看到貴公司減少了五億美元的債務，你們未來的債務削減計畫是什麼？」這肯定會比你問「你們對於債務未來有什麼打算」讓他們更加認真嚴肅地予以回答。

即使你對公司的發展不清楚，你也可以透過詢問兩個一般性的問題來得到一些消息「今年公司發展有哪些有利因素」和「今年公司發展面臨哪些不利因素」。他們可能會告訴你一家位於喬治亞州的上年虧損一千萬美元的工廠現在已經關閉，或者一家不再生產的分公司被廉價賣掉變現，他們也可能會告訴你一些最近進入市場的新產品使公司增長率提高。在一九八七年，Sterling藥品公司（Sterling Drug）的投資者關係部門可能會告訴你最近有關阿司匹林的大量報導是否刺激了公司的銷售增長。

你也會從公司聽到一些不利消息，比如：勞動力成本增加，公司主要產品市場需求下降，出現了一個新的競爭對手，或者美元貶值或升值使公司利潤波動……如果你正在交流的是一家服裝製造公司，你可能發現今年推出的服裝系列不好賣，倉庫裡已經堆滿了存貨。

最後，你可以大致總結一下交談中獲得的資訊。大多數情況下，你得知的一些資訊只是進一步證明你的猜測是正確的，特別是當你對這家公司的業務十分瞭解時通常會如此。但是偶爾你也會得知一些事先意想不到的資訊，公司的實際情況比原先更好或者更差。如果你正在買賣這家公司的股票，這些意外的消息對你的投資決策是非常有價值的。

在林區進行研究分析的過程中，他發現大約每十個電話中會有一個電話讓他得知一些非同一般的資訊。如果林區與一家很不景氣的公司人員通電話，十次中有九次所得到的詳細資訊進一步證實了公司仍然很不景氣，但是到了第十次，會得知一些新的跡象顯示公司前景開始樂觀，而這些資訊並非普遍為人所知。對於那些經營良好的公司來說，這個比例同樣適用，但與打電話給那些不景氣的公司的結果正好相反，你得到的意外往往是壞消息。

做符合商業意義的投資

——華倫·巴菲特——

究竟該如何去投資，很多投資者沒有深入地研究過這個問題。他們只是機械地買賣手中的股票而很少對持有股票的企業進行全面考察。投資大師巴菲特卻不這樣，他認為把投資當成經營企業是最佳的投資方式，因為一支普通股票代表著擁有該企業部分的經營權。所以，在選擇投資哪一個企業和瞭解該企業值多少錢時，應將這些放入企業前景的標準中考察。他建議投資者要停止思考股市本身的問題，應該多思考當自己擁有這些上市公司時所需面臨的經濟問題。一個優秀的投資者，應該執著於企業遠景的選股智慧，並且從別人的愚蠢行為中獲利。**換句話說，其他人無知的恐懼與貪婪，正是你利用他們犯錯的機會獲利的源泉。**

同時，巴菲特忠告投資者並非只要全部信守規律就可以獲利，而必須參考選擇債券時所運用的「反向藝術」，去瞭解哪些該買與哪些不該買。他關於企業前景投資的事情，都與華爾街的說法差別很大：採取聰明的企業經營想法投資股票，將發現最蠢的事就是擁有一支股票然後期待它下週股價會上揚，其實等待市場走低而不是走高，才可能讓你買到想要的上市公司股票；在超級市場的購物過程可以對你的投資理念有很大的啟示；你會改變看法，從原先認定買了股票後就期待未來六個月會有二五％獲利的看法，改變成參與企業部分投資的心理，期待未來五～十年，每年維持一五％或更好的複利報酬率，開始把股票當做債券，思考不同的利率狀況；你將瞭解分散投資是某些人用來保護他們選錯標的投資方式，不是因為他們對投資有所領悟；你會發現很多投資者都非常樂觀，但是沒有一個在財務投資上獲利豐碩。

巴菲特的投資理念是透過商業意義，以比較低的價位購買優秀的企業的股票。在巴菲特看來，所謂合乎商業意義，即投資時擔負最低的風險獲得最高的年複利報酬率。巴菲特比華爾街其他經理人成功的機率高很多的原因，就是他像企業家一樣追求長期利潤，其他人卻偏重短期獲利。

波克夏公司的一個股東曾經這樣評價巴菲特：「對於他來說，最典型的例子就是從價錢只有一美元的購買中獲取二美元的收益。巴菲特教導我們，『在價值的計算過程中，增長一直是不可忽略的組成部分，它構成一個變數，這個變數的重要性是很微妙的，它介於微不足道到不容忽視之間。』看一看可口可樂公司全球性的發展就知道了。波克夏公司在二十世紀八〇年代就買下了可口可樂公司，當時可口可樂公司的高盈利收入所得僅僅是現在的一個零頭。」

巴菲特不僅依照企業的內資價值來投資，而且他還對一個公司的資產負債表感興趣，同時還對一些基本原理和一個公司的增長前景、競爭能力感興趣。如果你要投資某個企業，就要看該企業的帳目及獲利狀況，如果企業獲利不錯，就再衡量該店的獲利是否持續穩定，或是大起大落。如果該店獲利持續穩定，就去估計它的預期報酬率，然後再貨比三家，以確認它是否是相對較好的投資對象，一旦確認就應該立刻行動。

如果巴菲特決定全部或部分入主企業投資時，他還會問自己這樣的問題：這個企業預計能賺多少錢，而賣價又是多少？並且將這個答案作為他投資的基礎。

巴菲特認為，投資公司有兩種選擇：一是經由配發股利方式發放現金，二是透過再投資方式發放股票股利，而後者將增加公司的隱藏價值。巴菲特說，從長期來看，這個隱藏價值會導致股價上揚。這個觀點與大部分華爾街的專家不同，他們不認同未到手的盈餘。在二十世紀八〇年代早期他擁有的股票中，如波克夏公司每股股價五百美元，不久之後每股股價就高達四·五萬美元，而該公司仍未配發任何股利。股價的增加來自於企業隱藏價值的提升。獲利高的波克夏公司，其隱藏價值的提升來自於巴菲特保留盈餘轉入再投資該公司。

巴菲特的經驗告訴投資者，即使是個人少量資金的投資，也應該有企業經營的思維。看準了就要堅持，因為任何股票投資都不會一帆風順，關鍵是研究的投入，事先功課要做扎實。

聽取專業人士的意見

—彼得・林區—

林區一年要聽取大約上百個經紀人的意見，每天根據助手的資訊提示就一定的主題與經紀人進行溝通。投資者也一樣在各種媒體上看到或聽到很多專家或經紀人的意見，這些專家包括投資經理、投資顧問、經濟學家以及政府官員。林區對從這個管道來的資訊採取了一種客觀的態度。

作為一般投資者，需要注意的是，聽取基金經理或其他專家的意見，不代表一定要採納。聽取與相信不等同，也不矛盾。有時，基金經理出於某些方面的考慮，可能依靠也可能不採用他個人所收集的資訊，這取決於他個人的行為將如何反映其獲得的個人資訊。還有，當投資者和基金經理交流的時候，他們給予的資訊的品質與其他級別的內部人員給予的資訊的品質是無法比較的。所以我們應該區別對待資訊的可靠性和有效性。

受過良好的財經專業訓練的專業人士在很多方面要顯得比個人投資者更加專業，但是個人投資者在某一方面也會顯得更加專業，這是由他的職業、家庭所帶來的優勢。投資者為了挑選想要投資的股票，會深入研究上市公司的內部資訊，挖掘其內在價值，這樣就不會輕易盲從或者誤判別人的建議，掌握資訊是為了更好地白我決策。

很多基金經理藉助媒體來宣揚自己的業績，也使得不少投資者以為跟著這些「大師」就可以實現自己的投資夢了。可是往往結果是投資者交了一筆諮詢費用後還要承受巨大的虧損。不要說這些「作假」性質的股市評論員，就是對一些正式的研究機構的研究報告也要仔細分析，找出有效資訊。很多研究報告的作者不是非常認真地撰寫報告，即使他是實地去考察了，許多資訊也沒有在報告中反映出來，其中的原因投資者不必追究，但是投資者要做到的是認真分析、客觀評價。

關注持續性獲利行業

—華倫・巴菲特—

選擇持續性獲利行業是巴菲特投資哲學中的一個重點。怎樣選擇持續性獲利行業？它包含兩個方面的內容：**一是選擇具有持久競爭優勢的公司，持久的競爭力是獲利的保證；二是選擇管理水準良好的公司，管理水準直接影響公司的競爭力和獲利能力。**

巴菲特在一九七九年購買了美國通用食品公司的股票，當時每股價格是三十七美元，一共購買了四百萬股。他之所以看中該公司的股票，就是因為這個公司有高額利潤，從該公司的經營歷史來看，其利潤每年以八・七%的速度遞增。巴菲特的判斷是對的，該公司一九七八年每股利潤是四・六五美元；一九七九年，其股票每股利潤出現巨額增長，高達十二美元；到一九八四年，公司每股利潤漲到六・九六美元。這段時間內，通用食品公司的股票的價格也一直上漲，一九八四年的股價達到五十四美元。巴菲特看中的這類高成長、高回報的公司也得到其他投資者的認同。一九八五年，菲利浦・莫里斯公司看到通用食品公司的投資價值，以每股一百二十美元的價格從巴菲特手中購買了其全部股票。巴菲特因此大賺一筆，其投資年平均收益率達到二一%。

巴菲特對其他公司股票的投資也與此類似，他十分注重公司的行業是否具有消費壟斷優勢，因為壟斷就意味著一種潛在的競爭力。巴菲特根據長期投資得出結論，有兩種公司最值得投資。一是具有持久競爭優勢的品牌公司，這些公司以生產品牌產品為主，消費者因為認同其品牌，在通常情況下都會選擇購買其產品，這樣產品就會具有消費壟斷優勢，這類公司就會具有持久的競爭優勢。即使在經濟不景氣的情況下，因為消費者對其產品的信賴，這類公司的獲利也不會遭受很大影響，進而能給投資者帶來長久穩定的收益。二是最有效率的公司。在同一行業的所有企業中，如果某一公司的管理人員注重管理效益，節約管理成本，能以最低成本很好地運作公司，這類公司就值得投資。許多公司之所以能成為品牌公司，就是因為它能以最低最省的成本運作公司，即使在經濟不景氣的情況下，較低的運行成本也能保障一定數量的利潤，這樣也能保證投資者的利益。

巴菲特進行投資的時候，很重視企業的管理水準，有時甚至超過了對公司可測算價值的重視。例如，美國的著名品牌公司——可口可樂公司，自公司創立以來，一直能夠持續發展。但是在二十世紀七〇年代初，由於董事長保羅·奧斯丁的無能，導致該公司管理混亂，投資頻繁失誤，員工人心渙散，稅前收益逐年下降，公司的發展不容樂觀。八〇年代初，奧斯丁被迫辭職，古茲維塔擔任公司董事長。古茲維塔有傑出的領導才能，他上任後大力提高可口可樂公司的管理水準，削減各項開支，取消各種與本行業無關的投資，制定新的發展計畫。可口可樂公司在古茲維塔的領導下，不久又煥發出勃勃生機，公司的股票價格也逐年走高。一九八八年，巴菲特出鉅資投資該公司股票時，該公司的股票市價已比一九八〇年增長四倍。因此，從當時看，巴菲特是在「追高買進」，是很不明智的做法，而當時華爾街的證券分析家們也否定巴菲特的這個舉動。事後，巴菲特就此事接受美國《機構》雜誌採訪時認為，他這次花鉅資購買可口可樂公司的股票，是因為他信任羅伯特・古茲維塔的管理才能。可見，巴菲特十分重視可口可樂公司的管理水準和領導者才能，在他的公司內在價值分析方法中，對管理水準的考核已經被提高到相當重要的地位。巴菲特在一九八八～一九八九年購買的十・二億美元可口可樂公司股票，到一九九六年市值已達七十一億美元。短短七年時間，就為巴菲特賺進六十億美元的財富。可口可樂公司在古茲維塔的領導下，股票的市場價值已經從一九八〇年的四十一億美元增長至一九九六年的一一五〇・七億美元，僅次於通用汽車的一三七三・四億美元。這同樣也證明公司的管理水準和領導者的才能在公司的投資價值中佔據著重要的地位。

在巴菲特的其他投資活動中，有時他的行為會表現得「出人意料」。例如按巴菲特以往測算公司內在價值的方法，當時大都會—美國廣播公司股票的市場價格，已超出了該公司內在價值的三〇%，也就是說，巴菲特是以高過該公司合理價位的三〇%購買了這家公司的股票。但是，巴菲特購買大都會—美國廣播公司股票的目的，與以往的投資目的不同。因為這一次，巴菲特是十分欣賞該公司的董事長穆菲的管理才能和其良好的人格，才以較高的價格購買大都會—美國廣播公司股票。

巴菲特認為，大都會廣播公司兼併美國廣播公司後，新的大都會—美國廣播公司在穆菲的領導下，股東年收益不是一般兼併後兩者年收益「1+1=2」的效益，而將是「1+1>2」的效益。巴菲特對穆菲非常信任，甚至在他開始投資大都會公司時，就把自己在該公司之後十一年的股票投票權都委託給了穆菲。

合併後的大都會—美國廣播公司的效益，印證了巴菲特事前預計的「1+1>2」，取得了令人意想不到的良好收益。大都會—美國廣播公司的股價也節節攀升，巴菲特一九八五年購進的五．一億美元該公司的股票，至一九八九年市值已達十六．九億美元。

巴菲特在擇股時，除了要明確該公司的內在價值是否被市場低估、公司是否具有良好的管理水準這兩個要素以外，還要確認該公司是否具有可持續發展的能力。

閱讀財務報表

—彼得・林區—

林區經常看公司的年度財務報告，從中關注幾個關鍵的數字：銷售利潤率、本益比、現金狀況、債務結構、債務狀況、股息以及股息的支付、帳面價值、現金流量、存貨、增長率、稅後淨利、每股淨資產、淨資產收益率和每股稅後盈餘，這些財會知識在一般的專業書上都有。瞭解一些基本情況，確信該公司有發展前途就足夠了，不必鑽進一大堆財務報表中。林區提醒大家，不注意這些數字是不明智的，但是過分拘泥於數字分析，掉進數字陷阱裡不能自拔也同樣是愚蠢的，甚至是危險的。

林區對如何閱讀公司的財務報告有其獨特的看法：「無數財務報告的命運是送進廢紙簍，這不足為怪。封面和彩色頁張上的東西還可以看懂，但卻無大價值。後面所附的數字猶如天書，但又相當重要。不過，有個辦法可以只花幾分鐘就從財務報告上得到有用的資訊，就是直接找到資產負債表。」林區認為，透過公司的資產和負債可以瞭解該公司的發展或衰退情況，其財務地位的強弱等，有助於投資者分析該公司股票每股值多少現金之類的問題。

對於帳面價值，林區認為有一種理論是極為錯誤的，那就是如果帳面價值為每股二十美元，而實際售價只有每股十美元，投資者就以便宜一半的價錢買到了想要的股票。這種理論的錯誤之處在於標出的帳面價值經常與股票的實際價值毫無關係。帳面價值經常大大超過或低於股票的實際價值。例如，一九七六年年末，阿蘭伍德鋼鐵公司標明的帳面價值為三千二百萬美元，即四十美元一股。儘管如此，該公司在六個月後還是破產了。其原因在於該公司更新了一套煉鋼設備，該設備的帳面價值為三千萬美元，但由於計畫不周，操作上又出了差錯，結果毫無用處。為了償還部分債務，該公司以約五百萬美元的價格把軋鋼板機賣給了盧肯斯公司，工廠的其他部分則幾乎沒有賣多少錢。

在資產負債表中，在負債很多的情況下，超值資產就更加不可靠。假定說一家公司的資產為四億美元，負債為三億美元，結果帳面價值是正一億美元。誰能確保負債部分的數字是實實在在的？假如四億美元的資產在破產拍賣中只能賣得二億美元，實際上帳面價值就是負一億美元。公司不僅一錢不值，還倒欠不少。投資者在按帳面價值購買一種期貨時，必須對這些創值（扣除了股權資產成本的利潤）到底值多少有一個詳細的瞭解。

帳面價值經常超出實際價值，同樣，它也經常低於實際價值。林區認為，這正是投資者挖掘隱蔽性資產，進而賺大錢的地方。

對於那些擁有諸如工地、木材、石油和稀有金屬等自然資源的公司來說，這些資產只有一部分真實價值登記在帳面上。例如，一家鐵路公司HS公司在一九八八年把一百三十公里長的鐵路用地賣給了佛羅里達州，當時，這塊土地的帳面價值幾乎為〇，而鐵軌的價值卻達一千一百萬美元。在這筆交易中，HS公司除保留其在非高峰時期使用這條鐵路的權利外，還獲得二・六四億美元的完稅後收入。

又如，某家石油公司或煉油廠的存貨已在地下保存了四十年，但存貨的價格還是按老羅斯福執政時計算的。若僅從資產負債表上看，它的資產價值可能不高。但是若從石油的現值來看，其創值已遠遠超過所有期貨的現價。它們完全可以廢棄煉油廠，賣掉石油，進而給期貨持有者帶來一筆巨大的財富。而且賣石油是毫不費事的，它不像賣衣服，因為沒有人會在乎這些石油是今年開採的還是上年開採的，也沒有人在乎石油的顏色是紫紅的還是洋紅的。

二十世紀六〇年代以後，許多公司都大大抬高自己的資產，商譽作為公司的一項資產，經常使公司產生隱蔽性資產。例如，波士頓的第五頻道電視台在首次獲得營業執照時，它很可能為獲得必要的證件而支付三萬美元，建電視塔可能花了一百萬美元，播音室可能又花了一百萬～二百萬美元。該電視台創業時的全部家當在帳面上可能只值三百萬美元，而且還在不斷貶值，到電視台出售時，售價卻高達四．五億美元，其出售前的隱蔽性資產高達四．四七億美元，甚至高於四．四七億美元。作為買方，在其新的帳簿上，就產生了四．四七億美元的商譽。按照當時的美國會計準則的規定，商譽應在一定的期限內被攤銷掉。這樣，隨著商譽的攤銷，又會產生新的隱蔽性資產。又如，可口可樂裝瓶廠是可口可樂公司創建的，它在帳面上的商譽價值為一兆美元，這個一兆美元代表了除去工廠、存貨和設備價值以外的裝瓶特許權的費用，它實際上是經營特權的無形價值。按美國當時的會計準則，可口可樂裝瓶廠必須在開始經營起的四年內全部攤銷完，而事實上這個經營特權的價值每年都在上漲。由於要支付這筆商譽價值，可口可樂裝瓶廠的盈利受到嚴重影響。以一九八七年為例，該公司上報的盈利為每股六十三美分，但實際上另有五十美分被用來償付商譽了。不僅可口可樂裝瓶廠取得了比帳面上好得多的成就，而且其隱蔽性資產每天都在增長。

當一家公司擁有另一家公司的股票時，其中也有隱蔽的資產。雷蒙德工業公司和油田電信服務公司的情況就是如此。雷蒙德公司的股票售價為十二美元一股，而每一股都代表了電信公司價值十八美元的股票。所以，投資者每買一股雷蒙德公司的股票就等於得到電信公司一股價值十八美元的股票，增值了六美元。

此外，對於可能復甦型企業來說，減稅是最好的隱蔽資產。由於實行損失帳目結轉，當佩思中央公司破產後，留有巨額的稅收損失可供結轉。一旦佩思中央公司從破產中擺脫出來，即使它開始盈利，其中數百萬美元的利潤也不用繳稅。由於當時的公司所得稅的稅率為五〇%，這使佩思中央公司一開始復甦，就佔有了五〇%的優勢。佩思中央公司的復甦，使它的股價從一九七九年每股五美元上漲到一九八五年的每股二十九美元，投資於佩思中央公司的投資者將因此而獲得五〇〇%多的利潤。

林區認為，市場總是存在盲點，投資者可以以最低的風險去實現預期的利潤。投資者應保持足夠的耐心和敏銳的分析能力不斷地發掘市場所存在的盲點，市場盲點一旦被整個市場所認同先邁一步的投資者將會獲得可喜的回報。

把握時機，及時、適時交易，一直都是投資的關鍵。對於交易者，尤其是保證金交易者來說，如果他在股市運行相反方向被套時間太長將會被淘汰出局。除了選擇具有投資價值的股票進行投資以外，投資者還應該把握最佳時機將股票賣出。至於什麼時機賣股票，林區認為有兩種情況：一是公司的業務從根本上惡化，二是股價已經上升過高，超過了其自身價值。這時應毫不猶豫地迅速將這類股票賣掉。

與傳統的長期投資模式不同，林區不是在熟知了公司的內部管理資訊後才去投資，他不太擔憂公司管理方面的問題。在他看來，儘管管理在公司中相當重要，但是在許多時候，公司的利潤穩步上升不是管理所致，而是由於公司所從事的行業本身的聲譽所致。如福特哈佛公司，回收廢紙並製造新紙，在紙業市場上佔統治地位；國際服務公司，作為一家殯葬屋連鎖公司，穩定地購買新居住區現存最好的殯葬屋。

一家公司擁有的某種獨一無二的特徵可以使其在市場佔有較大的比例，保證其利潤的穩步上升，在某種程度上可以減少人們對該公司管理方面的擔憂。林區之所以對高科技公司不感興趣，是因為林區認為那些高科技公司難以讓人理解，即使它們之中的一些公司可能不錯，但如果你不真正瞭解它們，它們也不會讓你受益。當然，林區也不否認有些分析家正在試圖瞭解這些問題，但這些人通常都是專業人士。

投資以前，先衡量成功因素

—華倫・巴菲特—

在實行價值投資的時候，要關注影響企業內在價值的因素，即企業管理層和企業的財務與市場，並且從這兩個方面來衡量企業的價值。

巴菲特指出，衡量一項投資是否成功，有關管理層方面的兩條是應該被牢記的：一是管理層能夠得到肯定的評估，其中不僅包括企業實現其全部潛能的能力，也包括其明智地使用其現金流通量的能力；二是管理層能夠被充分信賴，他們能真正地為投資者的利益著想，與股東保持暢通的溝通管道，使收益能夠從企業轉入到投資者手中，而不是被他們收入自己的囊中。

巴菲特在選擇投資之前，十分重視考察企業的經營管理者的素質。在自己的旗艦公司——波克夏・海瑟威投資股份公司中，他的最高獎賞就是使經理成為企業的股東，讓他把企業看作是自己的企業。這樣，經理們就不會忘記自己的首要目標——增加股東權益的價值。巴菲特認為，一個企業經理應該嚴格履行自己的職責，全面如實地向股東報告企業的經營狀況，對股東的利益負責。要收購或投資一家企業，巴菲特首先對企業管理者的素質進行全面考察。他考察企業管理者的時候，非常注重管理者是否具有獨立經營能力而不受所謂慣例的驅使；以及是否能夠理性決策，使企業沿著正確的經營路線不斷發展。管理經營者的理性行為主要表現在駕馭公司資金上。經營企業最重要的管理行為是「怎麼分配資金」。從企業的長遠發展來看，資金的分配和使用決定了股東投資的價值。比如，如何分配公司盈餘就是關係到企業發展的重大問題。是將盈餘繼續用於投資，還是當作紅利分配給股東？這種選擇中就表現管理者的邏輯判斷和理性分析能力，涉及公司發展的階段和方向問題。

在巴菲特看來，那些出色的經營者對自己的企業都有極為深厚的感情。討厭那些只想自己賺錢而置股東的利益於不顧的企業經營者，這些人一方面告訴股東股票發行價是不適當的；另一方面卻用自己手中的特權將股票以低價賣給自己的熟人。這樣最終讓企業及其所有人蒙受巨大損失。

因此，巴菲特認為對管理層的考察具有舉足輕重的作用。他說：「我總是把自己看作是一個統籌全局的人，如果管理層也能像我那樣從全局著眼來制定和實施政策，它就是我喜歡的管理層。」巴菲特建議投資者要認真考察管理層的所作所為，並且從中發掘出對自己有用的資訊。如何衡量一個企業的經營者，巴菲特提出坦白、獨立性原則。作為管理者，一定要善於坦白，因為世界上沒有不犯錯的人，他們可能有比其他人更多的犯錯的「機會」。巴菲特認為，那些有勇氣與投資人討論公司失敗之處的管理者是非常難能可貴的，因為大多數管理者都報喜不報憂。他說：「我告訴為我們公司工作的每個人，只要做成功兩件事就可以了，一是像業主那樣思考，二是立刻告訴股東壞消息。」

經營者要具有獨立性，要能抵制機構的強迫命令。巴菲特告誡投資者，要躲開那些有從眾心理的公司管理者，雖然他們具有豐富的經驗與專業知識，但卻往往犯一些「低級錯誤」。正如巴菲特所指出的那樣，管理者的這種做法源於「機構強迫命令」的力量，這種力量讓管理者失去客觀的判斷能力，而一味去模仿別人的做法，有時甚至連他們自己也知道這種行為是很不理智的。巴菲特認為，獨立性是管理者最為重要的素質之一，這樣才能讓企業少受其他因素的干擾。

巴菲特認為，在一個企業擁有好的管理層後，還應該去評估企業的財務與市場，這樣才能確保價值投資的成功實現。在過去的幾十年裡，巴菲特鮮有失敗的投資，但是在這偉大成績的背後，其所用的方法卻是極為簡單的。他的投資原則是選擇公司、公司的管理狀況、金融業績以及現行價格。那些對投資者具有吸引力的企業擁有的共同特徵就是：高額利潤，而且能為投資者帶來高收益。在巴菲特看來，投資者在購買股票前，要先考察企業的財務狀況。

巴菲特經常對他的股東們說，不要投資財務報表難以看懂的企業。他認為：「如果我看不懂某家企業的財務報表，就表示該企業的管理層不希望我看懂，如果管理層不希望我看懂，其中就有不好的地方。」巴菲特所能接受的企業財務原則是：報表的製作注重權益回報而不是每股收益；合理地計算「股東收益」；追求高利率，公司每保留一美元都要保證創造一美元的市值。這就是評估企業財務狀況的基本原則。一個企業的財務報表在真實可信的前提下，從以上幾個方面就可以判斷它是否優良，是否是值得投資的好公司。

企業的市場原則與其經營理念關係緊密，對投資者而言更是具有重要的意義。投資者在購買股票時，必須重視企業的市場原則：企業的估價應為多少；企業是否會被大打折扣以便低值買進；關注企業的市場佔有率及一些潛在的競爭力；產品價格下降及需求減少可能對企業利潤產生的影響程度；企業開展多種經營的能力。

普通投資者在實際操作中，經常被資本、現金流、附加值等眾多術語搞糊塗，很少去關注企業的財務報告，去研究企業的市場原則。他們更願意聽從股市評論員的建議，如在哪個價位買入哪支股票，多少天後再將其拋售。巴菲特對投資者的這種盲從心理有非常深刻的洞悉。巴菲特告誡投資者，投資的關鍵是你要保持獨立的思考。

跟著你的嘴投資

—彼得・林區—

受益於二十世紀五〇年代和七〇年代兩次嬰兒潮，八〇年代美國曾迎來速食業的蓬勃發展。在林區研究的餐飲股中很多股票能和當時的「漂亮五〇」一爭高下，其中Shoney的股票上漲了一百六十八倍，Bob Evans Farms上漲了八十三倍，而我們非常熟悉的麥當勞上漲了四百倍。

林區非常幽默地說過，只要你在上述的股票上投資一萬美元，即把錢投到你的嘴巴所到之處，到了二十世紀八〇年代末，你的身價就至少為二百萬美元以上了。這就是林區餐飲業投資法則——跟著你的嘴投資。

為什麼對餐飲業的投資最本質的是要看消費者的嘴？這是因為消費終端在你的嘴上，而消費者的口味和習慣一直在變化，如果一家餐飲企業能夠樹立消費者永久的口味和習慣，並且能夠不斷推陳出新，這家企業就能夠長時間地增長，就如麥當勞和肯德基；如果一家餐飲企業無法滿足顧客的口味要求，而且無法配合消費者的飲食習慣，這家餐飲企業可能面臨困境。這就是為什麼二十世紀八〇年代末到九〇年代是美國速食業的黃金時期，因為在七〇年代嬰兒潮時出生的人群在那個時候開始獲得駕照，並逐步習慣開車駛向購買外賣的午餐店。這種習慣的改變使很多傳統的餐廳陷入了困境。

Chili's和Fuddrucker's是兩家專營漢堡的公司，他們都是在德克薩斯州開始營業的，都以美味的碎肉夾餅而聞名，然而這兩家公司中一家獲得財富，一家卻沒有。問題就在於當漢堡已經不再流行的時候，Chili's開始不斷豐富自己的產品，Fuddrucker's卻仍然堅持以漢堡為主，並且過快地擴張，最終陷入了困境。所以迎合口味的變化，關注消費者的嘴，可以算作是餐飲企業的制勝法寶。

放長線，才能釣大魚

—華倫．巴菲特—

巴菲特認為，一個成功的投資者「一生不必做許多投資決定，只要做幾次對的就行了」。巴菲特經常嘲笑自己是一個「又懶、又笨」的人，這麼多年來，他選股和買股的動作不多，賣股的動作更少，多年的投資生涯，他只做過十二個正確的投資決策，但這已足夠讓他成為最偉大的投資者了。

巴菲持在十一歲時便開始投資，用積存下來的零用錢買了城市服務公司的股票，不久股價升了，他急忙抛出，賺了五美元。但該股後來不斷上漲，使巴菲特後悔不已。這次深刻的教訓讓巴菲特明白，投資者如果對某支股票有信心，不管買後是漲還是跌，都要堅持到底，選擇長線投資。這個信條成為日後巴菲特的投資思想之一。

巴菲特深信，即使是小錢，只要看準好公司，長期投資也能發大財。他說：「我偏愛的持股期限是永遠。」這就是為什麼他敢說十美分也能成為一億美元的開始的緣故。

巴菲特有一句名言：「短線而言，股票市場是投票機，人氣旺的股票走高；但是長線來看，股票市場是體重計，本質好的股票不會寂寞。」他將華盛頓郵報、吉列、大都會—美國廣播公司和可口可樂公司列為永久持股，宣稱：「不管市場如何高估它們的價值，我都不會賣出。」

事實證明，巴菲特永久持有績優股的獲利相當豐厚。根據波克夏公司二〇〇一年的財務報表來看，巴菲特投資華盛頓郵報二十八年，賺了八十二倍；投資美國運通公司賺了三·六八倍；投資吉列公司賺了四·四三倍。縱觀巴菲特所執管的波克夏公司投資項目中，可口可樂公司和吉列公司一直是他們長線持有的投資項目。用巴菲特的話說：「我們很少關心幾年內這些公司的股票成交量。我們在意的是公司的長遠進步，而並非依據短期股票的增值來衡量業績。如果我們對此抱有堅定的長線投資信念，短期價格對我們便失去了意義，除非它們提供增加公司所有權的機會。」

巴菲特確定長線投資的股票，獲得的收益率都遠遠超出同一時期的標準普爾五〇〇指數和道瓊指數的增長率。

巴菲特成功的投資經驗提示我們，一個理性的投資者想要獲得較高的收益率，就必須堅持長期持有的原則，短期行為是不明智的。

確實，投資應該是一項長期的行為，短期的交易意味著你離失敗不遠。這是因為短期交易的費用如果合計起來，包括稅收和傭金，會使投資業績大打折扣。如果交易很頻繁，隨著時間的推移，不斷支付的傭金和其他費用是複合增長的。因此，巴菲特認為頻繁交易對投資者沒有多大好處，只會讓證券商多得利。對於長期持有者來說，交易的次數少，能使交易傭金等交易成本在投資總額中所佔的比重很少。

不盲從理論和預測

—彼得·林區—

林區對理論家和預言家歷來異常反感。理論家總是喜歡高談闊論股票市場如何如何，林區卻認為股市中總是存在各種各樣意想不到的風險，經常令人捉摸不透，如果一味聽信股市理論家和預言家的意見，而缺乏自己的分析判斷，多數結果是投資失誤。這是他經過親身體驗而得到的一個教訓。一九七七年，他剛開始掌管麥哲倫基金不久，即以每股二十六美元的價格買進華納公司股票。當他向一位跟蹤分析華納公司股票行情的技術分析家諮詢華納公司股票的走勢時，這位專家指出華納公司的股票已經「極度超值」。當時，林區不相信，一笑而過。六個月後，華納公司的股票上漲到了三十二美元，林區開始有些擔憂，但經過調查，發現華納公司運行良好，於是林區選擇繼續持股待漲。不久，華納公司的股票上升到了三十八美元，這時，林區開始對股市行情分析專家的建議做出反應，認為三十八美元肯定是超值的頂峰，於是將手中所持有的華納公司股票悉數拋出。然而，此後華納公司股票價格一路攀升，最後竟然漲到一百八十美元以上。對此，林區懊悔不已，進而導致他喪失了對那些高談闊論的股市評論專家的信任，以後只堅信自己的分析判斷。美國有數以萬計的專家天天在研究指數的變化，但林區認定這些專家們不能預測到任何東西。

由於從某些方面看，股市與整個經濟的情況是相互連結的，所以許多經濟學家希望透過對通貨膨脹和經濟衰退、景氣和破產、利率變動方向進行分析來預測股市的變動，甚至有些人提出「每五年出現一次衰退」的理論。林區雖然相信利率和股市之間確實存在微妙的相互連結，但卻不相信誰能準確地提前說明利率的變化方向，他甚至認為「每五年出現一次衰退」的理論是無稽之談。經常是只有到了事發後，大家才能看到一些事情的真相，許多人都是事後諸葛亮。因此，林區提醒投資者：「不要輕信經紀人公司的推薦，甚至連你最信任的金融通訊雜誌上最新推出的『至少不會損失』的建議也別接受，請只相信你自己的研究。」

再多一點耐心

——華倫·巴菲特——

巴菲特一貫堅持長期持股的投資策略，他認為：

「投資的一切在於，在適當的時機挑選好的股票之後，只要它們的情況良好就一直持有。」

「我最喜歡持有一支股票的時間期限是：永遠。」

「如果你不想擁有一支股票十年，就不要考慮擁有它十分鐘。」

「投資股票很簡單。你所需要做的，就是要以低於其內在價值的價格買入一家企業的股票，同時確信這家企業擁有最正直和最能幹的管理層。然後，你永遠持有這些股票就可以了。」

「投資的一切秘訣在於，在適當的時機挑選好的股票之後，只要它們的情況良好就一直持有。」

許多人認為長期投資非常困難，還是讓巴菲特告訴他們如何做吧。巴菲特二〇〇一年七月二十一日在西雅圖俱樂部的演講中說：「我從不認為長期投資非常困難……你持有一支股票，而且從不賣出，這就是長期投資。」

「我和查理都希望長期持有我們的股票。事實上，我們希望與我們持有的股票白頭偕老。我們喜歡購買企業。我們不喜歡出售，我們希望與企業終生相伴。」

「一九八八年，我們大筆買進聯邦家庭貸款抵押公司與可口可樂公司，我們準備長期持有。事實上，當我們持有這些優秀企業的股票時，我們最喜歡的持有期限是永遠。許多投資人在公司表現良好時急著想要賣出股票以兌現盈利，卻緊緊抱著那些業績令人失望的公司股票不放手，我們的做法與他們正好相反。彼得・林區曾經恰如其分地形容這種行為是『剷除鮮花卻澆灌野草』。」

「許多人投資股市，對股票沒有做過深入的研究，他們往往本末倒置，急於讓自己手中的股票變成錢。在他們看來，這樣才是真正賺到了錢，豈不知他們的做法是『撿了芝麻，丟了西瓜』。」

在選股上下功夫

—彼得・林區—

在早期，由於麥哲倫基金面臨投資者大量的贖回壓力，林區不得不頻繁買賣股票以應對投資者贖回的壓力，但這只是林區基金生涯的準備階段，這或許鍛鍊了林區的選股感覺。林區選股的靈活性只是表象，他的基礎是勤奮地考察和研究公司。如果沒有勤奮，他買賣股票的靈活性將成為他的災難，而不是他的傲人業績。他自己說：「我的選股方法是藝術、科學加調查研究，二十年來始終未變。」所謂科學，就是要看財務報表，要作數量分析。藝術則是需要一種只可意會不可言傳的靈感。這兩個方面在選股時都很重要，但過於強調任何一個方面都是非常危險的。數學分析也好、藝術靈感也好，最終還是要到上市公司去實地調查，要跟其管理層交流、對話，才可以真正懂得這個公司，才可以決定是否對其投資。

選股是一件非常艱苦的工作，「尋找值得投資的好股票，就像在石頭下面找小蟲子一樣。翻開十塊石頭，可能只會找到一隻，翻開二十塊石頭可能找到兩隻。」林區每年要翻開幾千塊石頭，以找到足夠的小蟲子，滿足麥哲倫基金龐大的胃口。林區的勤奮是有資料可查的，一年要走訪五百～六百家公司，每天六點就去辦公室，晚上七點多才回家，路上的時間都是在閱讀。每天午餐時都跟某家公司在洽談。在平常陪妻兒購物時也在考察公司，在和妻子度假之時，也是隨時在做公司調查。「一九八〇年我總共拜訪了二一四家上市公司，一九八二年增加到三三〇家，一九八三年再增加到四八九家，一九八四年略減到四一一家，一九八五年又增加到四六三家，一九八六年更是增加到五七〇家。」如此的辛勤勞動，豈能說林區只是靠靈感、靠表面的頻繁換股的靈活性獲得投資成功！

不做輕率的投資決定

—華倫·巴菲特—

股市上的風險很大，稍不謹慎，就有可能傾家蕩產，血本無歸，這就要求每個投資人，投資之前一定要採取謹慎的態度。

股市裡有一個不言自明的規則：每個投資人必須自己承擔投資的風險。這是全世界投資冊子裡都寫明的，只是沒有引起一些投資人的重視。巴菲特認為，自己當自己的基金經理，和選擇自己喜歡的優秀公司，都是非常重要的。因為，投資者拿錢出來投資是想要致富，而不是想在股市中尋找刺激。

巴菲特提供了一個不管經濟好壞都會為你賺錢的投資之道：買入不管經濟好壞都能賺大錢的企業。既然企業賺錢，投資者當然也就跟著賺錢了。波克夏公司多年來的投資成就，擺在我們眼前就說明了這個道理。

很大一部分投資者藉由分散風險的做法來自我保障，以防因為欠缺足夠的智慧和專長，把巨額資金投注在少數的企業上而受到傷害。所以他們把資本分配在不同種類的投資上，藉此達成避險的目的。雖然巴菲特認為分散投資風險是必要的，但是如果把它當做投資的主旨就是不正確的。投資時只執著於分散風險，以至於握有一堆不同種類的股票，卻對投資的企業少有瞭解，這實在是很盲目。

巴菲特受凱因斯的影響，也採取集中投資的策略，這種精簡措施就是只投資在少數他非常瞭解的企業的股票上，而且長期持有。巴菲特降低風險的策略就是小心謹慎地把資金分配在想要投資的股票上。他認為最重要的是：要投資哪些股票以及以何種價位買進以降低風險。也就是說，以合理的價位買進那些經營卓著的公司的股票，減少發生損失的機率。巴菲特常說，如果有一個人在一生中，被限定只能做出十種投資的決策，他出錯的次數一定比較少，因為他此時更會審慎地考慮各項投資，方才做出決策。

這樣決策所選定的股票，經過長期持有，會有很好的收益。所以，巴菲特告誡那些想長期投資的投資人，不要隨便投資，投資和持有時要謹慎。

尋找沙漠之花

—彼得・林區—

尋找沙漠之花需要投資者獨具慧眼，林區投資的班達格公司就是經典案例。班達格公司從事舊輪胎翻新業務，而且公司地處窮鄉僻壤，所以華爾街的股票分析師很少去研究，在他投資之前的十五年裡只有三個分析師追蹤過這家公司。班達格公司管理風格非常樸實，專注於成本節約，它在其他人認為無利可圖的行業中尋找到了與眾不同的利基市場，形成獨特的競爭優勢。當時美國每年卡車和客車輪胎翻新的需求約為一千二百萬個，其中班達格的市場額度達到五百萬個。班達格公司自一九七五年以來，股息持續提高，盈利每年增長一七%。儘管收益持續增長，班達格公司的股價在一九八七年股市大崩盤和波斯灣戰爭期間也曾兩次暴跌。華爾街的這種過度反應，為林區創造了逢低買入的好機會。兩次暴跌之後，股價不但全部恢復到以前的水準，而且後來漲幅巨大。

用沙漠之花來形容上述這類公司非常貼切，由於低迷的行業環境使得倖存下來的公司具備頑強的生命力，而且由於市場佔有率的擴大而具備了一定的壟斷性。所以從美國這麼長時間的證券歷史來看，不管多少次的崩盤和暴跌，只要按照價值理念來選股，從長期來看，其投資收益將遠遠大於其他投資方式。

大巧若拙少交易

——華倫·巴菲特——

巴菲特認為，企業能夠產生出高於平均水準的經濟效益，並且管理層是誠實和可靠的，就可以選擇買進這家企業的股票。這種思想導致了他不怎麼對市場的敏感度與熱點有興趣，並且使自己的節奏與整個華爾街相反。華爾街很多人持股時間很短，巴菲特認為自己擁有股票的最佳期限是「永遠」。

有人認為巴菲特的投資策略太過保守，巴菲特卻說：「按兵不動其實是最好的策略，我們不會因為其他券商或者聯邦儲蓄貼現利率的小小改變，或者是哪位在華爾街頗有威望的人士的看法而改變我們既定的操作思路，去購入我們不看好的企業或是拋出一個非常有利可圖的企業。我們擁有只有少數人才能得到的最優秀企業的股票，因此我們是不會改變戰術的。」

其實在進行投資時，巴菲特的態度是非常明確的：永遠不賣掉自己擁有的出色的企業，毫不猶豫地將一般的企業拋售，不管是買進還是賣出都不要頻繁交易。投資者不要羨慕那些頻繁交易者，雖然他們買進賣出的，看上去似乎還不錯，但是做一個設想後，你就會發現其中的不同。如果兩個人同時花相同的錢購買了同一支股票，而且這是一支成長型企業的股票，有良好的發展前景。就在他們持股的一段時間後，股價上漲了五％。其中一個人非常相信企業的未來發展前景，他認為即使目前股價上漲緩慢，甚至可能還會下跌，但只要企業沒有發生變化，它的股票就值得長期擁有。抱持這種心態，他的投資管理會很輕鬆，他不會每天關注收盤價，也不在意交易量，只需每季度看看企業公布的財務報告。另一個人則不這樣做，當股價上漲了一段時間後，他決定將它們變現，因為相較於其他大漲的股票，這支股票的上漲比較緩慢。在變現之後，他又去追逐那些能獲得更多收益的股票。經過多次的買進賣出，他在這支股票上賺的錢，可能又在那支股票上虧損了。而且，這種投資策略會使他失去良好的心態，變得急功近利，失去理性的判斷力。

頻繁交易是不少投資者在股市中失敗的原因。在股市裡由於急功近利的心態的驅使，頻繁交易是廣泛存在的，很多投資人都有這樣的經歷，為了快速賺錢，在短時間內加快了交易的速度，但最後的結果是股票越來越多，但帳戶裡的資金卻越來越少。之所以頻繁交易會導致失敗，是因為股票的短期走勢有一定的隨機性和不確定性，投資者在操作和判斷上存在很大的失誤率；頻繁的交易對人心態的負面影響很大，容易引起判斷和操作的失誤；頻繁交易增加了交易成本；頻繁交易很容易使股票的品種數增多，進而增加了操作的難度。

有人說過，巴菲特在投資領域的行動就像無尾熊一樣遲緩。實際上，這正是長線投資的鮮明特點之一。由於投資經常在價格上落後於股市，其衡量股票買入時機的最關鍵因素乃是企業的內在價值，與市場形形色色的其他資訊不同，它的變化是緩慢的。投資者所做出的每一步行動，也都建立在長期的戰略眼光之上，而非立足於短期行情需要。

挖掘公司的成長業績

—彼得・林區—

林區是善於挖掘「業績」的投資者。即每支股票的選擇都建立在對公司成長前景的良好期望上。這個期望來自於公司的「業績」——公司計畫做什麼或者準備做什麼，來達到所期望的結果。

對公司越熟悉，就能更好地理解其經營情況和所處的競爭環境，找到一個能夠實現好「業績」公司的機率就越大。因此林區強烈提倡投資於你所熟悉的，或者其產品和服務你能夠理解的公司。應該在投資過程中，將你作為一個消費者、業餘愛好者以及專業人士的三方面知識很好地平衡結合起來。

林區不提倡將投資者局限於某一類型的股票，相反地，他的「業績」方式是鼓勵投資於那些有多種理由能達到良好預期的公司。通常他傾向於一些小型的、適度快速成長的、定價合理的公司。

投資之前應該進行研究。林區發現許多人買股票只憑藉預感或是小道消息，而不做任何研究。例如，將大量時間耗費在尋找市場上最好的咖啡生產商，然後在紙上計算誰的股票價格最便宜。

林區認為，最好的選股工具是我們的眼睛、耳朵和常識。林區很自豪地表示，他的很多關於股票的絕妙主意是在逛雜貨鋪，或者和家人朋友閒聊時產生的。由此可見，每個人都具備這樣的能力。我們可以透過看電視，閱讀報紙雜誌，或者收聽廣播得出第一手分析資料，我們身邊就存在各種上市公司提供的產品和服務，如果這些產品和服務能夠吸引你，提供它們的上市公司也會進入你的視野。對於大多數沒有行業背景的個人投資者而言，最容易熟悉的股票就是那些消費類或與之相關的上市公司股票。

頻繁換手失誤多

——華倫・巴菲特——

在實際操作中，許多投資者會頻繁換手。這是因為投資者對市場寄予了過多的關注，出現對市場反應過度的現象，結果是一有風吹草動，便迫不及待地行動——不是急著買進，就是急著賣出。事實上，人們對股市的跌漲並非沒有思想準備，問題在於到底有多少人能做到眼看著自己的資金在一天天縮水而保持鎮定自若？巴菲特認為，成功投資者必備的一種素質就是從資金到心理上，都能為市場的波動做好準備。不僅要從理智上接受市場可能出現的任何變化，同時還要保持理性與獨立的判斷，這樣就不會無所適從。事實上，如果投資者堅持自己當初的投資是正確的，就不必理會市場的任何變化，並且保持應有的從容態度。正如葛拉漢所說：「一個真正的投資家極少被迫出售其股票，而且他們擁有在任何時候都能對當時的市場情況置之不理的心態。」

一個理智投資者應該對市場的任何變化都能做到處變不驚。如果投資者面對市場波動，總是感到驚慌失措甚至棄股而逃。這種脆弱的心理會讓你時刻關注別人的行動與看法，總是擔心錯過什麼，這是投資者的致命弱點。投資者不僅不能從投資中獲得巨大的利潤，甚至連本金也可能因為不良心態而損失慘重。

在一些經紀人的投資報告中，經常會出現這樣的話：「經濟形勢良好，因此應該購買股票。」這種說法好像很有道理，可事實上卻行不通。經濟形勢的變化難以預料，各種不確定因素隨時都有可能干擾預測結果的準確性。這樣做的結果是，你只能永遠跟在別人的後面，而你希望的收益也將一次次化為泡影。這可能就是所有投資者最容易犯、也最難以改正的一個缺點。所以，將自己的輸贏寄託在分析師身上，而沒有自己的判斷，是非常不可取的。

與那些對市場訊息過度敏感的人有所不同的是，有些投資者一旦選擇了股票，便放心地長期持有，他們不過度關注股價每天的變化，進而也就免於遭受由於別人的判斷失誤所帶來的痛苦。

對於投資者來說，最大的收益不是在頻繁換手中得來的，而在於把握好股票的買進賣出的時機。對此，費雪認為，投資者購買股票的最佳時機是在某個前景看好、具有投資價值的新企業剛開始啟動時購買。一般來說，企業的新產品剛剛開始上市時，需要有一個打開銷路的困難時期。此時，大多數投資者對其信心不足，股價處於相對低位，就可以大膽出手。

此外，投資者在市場出現波動時便迫不及待地賣出股票，等到股價跌至更低的時候再重新買入。這種方式似乎很合理，不過在實際操作中，往往會錯過股票反彈的最好時機，再加上投資者必須支付更多的所得稅費，以至於整個交易成本都會增加。對此，費雪認為，如果投資者在選擇股票時，從一開始就對企業有較為全面的認識，並且對其未來的發展有合理的展望，就可以不必為了獲得那一點點的波動差價而費心了。

觀察目標公司員工的行為
—彼得·林區—

對於一般投資者來說，有一種正大光明卻比內幕消息更為準確可靠的方法，那就是觀察公司員工買入自己的公司股票及公司回購自身股票的行動。這種行動，代表公司員工、公司本身對未來充滿信心，他們對公司有最內部的消息，最直接、最全部的理解，其買入行動是一個非常積極的信號。

林區認為，公司回購自身股票是對公司未來充滿信心的重要表現，而且回購股票長期而言會提高股票的價值。「一家公司回報投資者最簡單、最好的方法就是回購自己流通在外的股票。如果一家公司對自己未來的發展充滿自信，它為什麼不可以也像投資者那樣向自己的公司股票進行投資？從長期來看，回購股票只會對投資者有利。」

林區認為，如果公司的普通員工也在積極購買本公司的股票，那就是一個非常重要的買入信號。「沒有什麼樣的內幕消息能比公司的職員正在購買本公司的股票更能證明一支股票的價值。」一個年薪二萬美元的普通員工，卻用一萬美元買入本公司的股票，這肯定是一次對其本人來說有重大意義的投資行動。但林區認為內部人員購買本公司股票的原因只有一個，即他們認為股票的價格被低估了，並且最終會上漲。

尋找三類股票

—華倫・巴菲特—

仔細分析研究巴菲特長期持有的股票後，可以把它們分為三大類，即獲利能力強的企業的股票、成長型股票、具有差異化優勢的公司的股票。

巴菲特不以股價上漲或下跌的幅度作為判斷持有或賣出股票的標準，他的投資決策取決於企業的經營績效。他判斷持有還是賣出的唯一標準是公司是否具有持續獲利能力。既然是否長期持有股票是由能否持續獲利決定，衡量公司持續獲利能力的主要指標是什麼？

巴菲特認為，最佳的衡量指標是透明盈利。透明盈利是報告營業利潤加上公司的留存收益，再減去這些留存收益分配時應繳納的稅款。要計算透明盈利，投資人應該確定投資組合中每支股票相應的可分配收益，然後算出總和。每個投資人的目標，應該是建立一個投資組合，計算它在十年左右將能帶來最高的預計透明盈利。這樣的方式將會迫使投資人思考企業長期遠景而不是短期的股價表現，進行這種思考有助於改善自己的投資績效。以長期而言，投資決策還取決於公司未來的獲利能力。如果企業的獲利能力短期內發生暫時性變化，但不影響其長期獲利能力，投資者就應該繼續持有；但如果公司長期獲利能力發生根本性變化，投資者就應該毫不遲疑地賣出。

巴菲特在進行長期投資時，除了買進獲利能力強的股票外，還喜歡購買成長型的股票。這是因為成長型的股票，因其公司的成長性良好，將來會獲得較高的回報率。成長型公司的主營業務收入和淨利潤的增長態勢通常處於高速擴張之中，並且多送股利少分現金，這樣既保證有充足的資金投入營運，又使業績的遞增速度追上股本規模的高速擴張。而且在多次的配股之後，其淨值和每股收益卻不會因此稀釋，所以長期投資這樣的企業，必然會獲得豐厚的盈利，這樣不僅可以確保本金的安全，而且還會給投資者帶來不菲的收益。

巴菲特在買入股票時非常注重公司的差異化競爭優勢。因為在他看來，這種優勢是別人難以模仿的，如果該公司管理層在業務經營和資本配置方面都比較好，長期持有這樣的股票是最好的投資方式。

巴菲特投資於政府雇員保險公司時，就是看中了該公司的差異化競爭優勢。該公司是美國第七大汽車保險商，主要為政府雇員、軍人等顧客提供汽車、住房、財產保險服務。他們的保險銷售方式很特別，其他保險公司都是透過代理商賣保險，他們主要採取直銷方式，把保險單直接寄到客戶家裡，這樣不但可以加強與客戶之間的直接接觸，而且節省了成本。

一九七五年，政府雇員保險公司虧損高達一·二六億美元，公司因此出現了嚴重的財務困難，瀕臨破產。巴菲特透過對這家公司的瞭解，發現政府雇員保險公司雖然財務出現嚴重的問題，但是它的競爭優勢依然存在。所以巴菲特相信，在這個時候進行投資，將來一定會有豐厚的回報。

一九七六年，巴菲特買進政府雇員保險公司大量股票。不久，政府雇員保險公司發行七千六百萬美元的可轉換優先股，巴菲特購買近二百萬股，相當於其發行總量的二五%。到一九八〇年年末，波克夏公司擁有的這些股票市值已經達到一·〇五億美元，股價漲了一倍。

僅僅一九八〇年一年，政府雇員保險公司年收入七·〇五億美元，淨利潤六千萬美元，波克夏公司從中分得利潤二千萬美元。

後來，政府雇員保險公司的經營業績完全證明巴菲特當時的想法。一九八三～一九九二年的十年時間裡，政府雇員保險公司由於採取直銷策略，公司費用與保險費收入的比例為三：二〇，只有全行業平均水準的一半，進而奠定它在同行業中的領先地位，而且一直是最穩定的。

分析本益比

—彼得・林區—

本益比指標是估值的基礎，但林區的經驗卻告誡投資者，可能是因為這些指標太容易獲得，帳面價值經常會出現高估或者低估公司真實價值的情況。

穩定緩慢增長型公司的本益比大約為七～八倍；中速增長型公司約為十～十四倍；快速增長型公司約為十四～二十倍，甚至更高一點；週期性公司在比較繁榮的頂峰時約有三～四倍，蕭條時約有七～八倍。當然，這個參數需要根據利率的情況進行一定的調整，如果市場利率很低，這個參數可以調高一些，反之則調低。

許多投資者透過對不同行業之間、同一行業不同公司之間的本益比比較，尋找本益比偏低的股票，從中獲取超額投資利潤。但林區提醒我們，低本益比股票並非就一定值得投資。「一些投資者認為不管什麼股票只要它的本益比低就應該買下來。但是這種投資策略對我來說沒有什麼意義。我們不應該拿蘋果與橘子相比。因此能夠衡量道氏化學公司股票價值的本益比不一定適合沃爾瑪。」

只考慮本益比當然很片面，但本益比畢竟是一個非常容易得到的資料，在正確運用時對分析股票也有相當大的用途，因此你不能對其不理不睬，而是要合理分析。

對本益比進行分析時，需要注意以下幾點：

- 每股收益的品質難以保證。每股收益容易受到管理層的會計操縱。人為擴大或降低每股收益。
- 每股收益波動性很大。對於週期性公司，在經濟衰退時其本益比反而處於最高點，在經濟繁榮的時候會處於最低點。
- 收益為負值時，本益比沒有意義。
- 本益比的合理倍數很難確定。
- 不要過於相信專家對公司收益的預測。
- 低本益比股票不一定值得購買。
- 千萬不要購買本益比特別高的股票。

林區也會用每股帳面資產與股價進行比較，但他很清楚這樣做有潛在風險。「每股帳面價值經常與公司的實際增長沒有什麼關係，它經常嚴重高估或者低估了公司的真實增長情況。」林區提醒我們，當你為了帳面價值而購買一支股票時，你必須仔細考慮一下那些資產都是些什麼，到底真實的市場價值是多少。在分析公司資產時，林區十分強調庫存現金。如果庫存現金數額巨大，就必須根據庫存現金對其股價進行調整後，再計算本益比。如果不考慮數額很大的庫存現金，我們就會低估公司股票的價值。

林區也會找到一些收益適中卻非常值得投資的公司，這主要是因為它的自由現金流。通常這種公司都擁有一大筆舊設備的折舊，而這些舊設備短期內不會被淘汰。這種公司在改革的過程中還可以繼續享受稅收減免待遇（設備的折舊費用是免稅的）。這些折舊使公司的自由現金流遠遠大於報表上的現金流，容易使一般投資者低估其股價。但林區對現金流量的定義非常嚴格，「如果你根據現金流來購買股票，請確信這個現金流指的是自由現金流。自由現金流，是指在正常資本投資支出之後留下的現金。這是一筆只進不出的現金。」

長期持有，不等於永遠持有

—華倫·巴菲特—

巴菲特一生的經驗就是長期持有一支股票數年甚至數十年，這樣的收益率遠遠高於短線買賣數百支股票。巴菲特之所以決心長期持股不動，關鍵在於他對長期投資更成功有巨大的信心，而且這種信心建立在理性分析的基礎上。對於投資者來說，一時的暴利不代表他長期的盈利，而經常的微利卻可以轉化成巨大收益。但是，巴菲特所說的長期持有，並非永遠持有。

一九八四年的時候，巴菲特開始買入大都會—美國廣播公司的股票，後來又大量增持。他在這時還對外部公開聲明，要永久持有大都會—美國廣播公司的股票。但是，他沒有那樣做，在他持股十年之後，大都會—美國廣播公司被迪士尼公司收購。巴菲特於一年之後，全部拋出了自己手中的大都會—美國廣播公司的股票。

二〇〇三年，巴菲特又看中了中國石油。他說：「讀了這家公司的年報之後就買進了，這是我持有的第一支中國股票，也是到目前為止最新的一支。這家公司的石油產量佔全球的三%，這是很大的數量。中國石油的市值相當於艾克森美孚的八〇%。去年中國石油的盈利為一百二十億美元，在世界五〇〇大公司的排行榜上只有五個公司獲得這麼多利潤。當我們買這個公司的股票時，它的市值為三百五十億美元，所以我們是以相當於去年盈利的三倍價錢買入的。中國石油沒有使用那些財務槓桿。它以盈利的四五%作為股息。所以基於我們的購買成本，我們獲得一五%的現金殖利率。」

巴菲特根據中國石油穩定的現金股息收益率就做出了價值判斷，能夠穩定地獲得一五%的投資收益率，他認為中國石油股票可以長期持有，於是他開始購買中國石油的股票。從二〇〇三年四月開始，巴菲特透過波克夏公司不斷增持中國石油的股票。至四月二十四日，巴菲特共持有中國石油二三・三八億股，佔中國石油全部發行的H股股本的一三・三五%，總投資四・八八億美元。到二〇〇七年，隨著油價突破每桶七十美元，巴菲特根據市場這個變化，改變了自己原來的想法，他售出了手上的中國石油股票。

巴菲特所說的長期持有並非是說要永久持有，因為在持有的過程中，可以不斷觀察和瞭解公司的發展狀況，以決定持股的期限。所以，有些暫時持有的股票很有可能會變成長期持有的股票，原來長期持有的股票也可能會被賣出。

努力避免重大損失
—彼得·林區—

林區認為，投資者在選擇投資時，應該避免重大損失而不是所有損失。對此，許多投資者經常存在一定的誤解。當他們看到股票以低價買進、高價賣出時，他們認為從他們獲得的收益中支付出去一部分，作為信託公司的報酬是合理的，而一旦有一次所購入的股票價格下跌，他們就拒絕接受，不會付給信託公司任何報酬。

林區指出，那是一種自毀前程的反應，將會導致信託公司不再冒任何風險。沒有風險就不會有好的收益，他說：「如果你有五種股票，三種下跌七五％，一種上漲了十倍，一種上漲了二九％，這五種股票仍然會令你獲得很出色的收益。因為這麼去做，你在上漲十倍的這種股票上已賺足了錢，遠遠抵銷了你那些下跌五〇％、五％甚至九〇％的股票所帶來的損失。」

一位傑出的投資家必須具有超人的膽識和氣魄，林區喜歡令投資大眾焦慮不安的市場。在他看來，市場上所流傳的各種各樣的擔心，如擔心暴跌、擔心臭氧層、擔心新總裁、擔心乾旱等不表示市場情況很糟糕；相反地，當各種消息看起來很可怕之時，正是在市場上賺大錢的好時機。林區曾經不顧他所觀察到的不利的工業形勢，買下一系列半導體公司的股票。他說：「如果我是正確的，我可以賺四〇〇〇%，如果我錯了，我可能損失六〇%。多好的差額！只要這麼去做，你有可能賺二十倍，而你充其量損失一〇〇%，這一點大眾不理解。」

林區不太相信接管與槓桿收購，他曾嘗試接管過幾家公司，但最後大多以失敗而告終。這些經歷使他認識到不可太相信所得到的內部消息，因為許多所謂的內部消息都是錯的，經常令人做出錯誤的決策，付出了許多，結果卻一無所得。同時，這些經歷也促使林區放棄了對槓桿收購的分析，因為他認為槓桿收購會妨礙投資大眾全力參加衰落後的復甦。

林區指出，許多投資者對本益比的分析存在很大的錯誤觀念，認為以較高本益比出售的公司比以較低本益比出售的公司更易下跌。其實，事實並非如此。如果一家公司呈高速增長，即使它以較高的本益比出售，投資者仍然可以比購買本益比較低、增長速度較慢的公司股票賺取更多的錢。

林區把股市作為他任意馳騁的競技場，他取得的非凡業績使他成為世界上薪酬最高的有價證券投資雇員之一。偉大的成功通常總是需要執著的投入。不管某一項事業是否值得獻身，如果你尚未達到非常熱愛它的程度，你就難以取得偉大的成就。

取前人之長

—華倫·巴菲特—

一九九八年五月，六十七歲的巴菲特在華盛頓大學商學院與學生對話時說：「**成功就是獲得你想得到的東西，幸福就是追求你想得到的東西。當你們走出校門時，我建議你們去為敬仰的人做事，這樣你們將來就會像他們一樣。**」這段話可以說是他自己的切身體會。

巴菲特在內布拉斯加州大學讀書時，讀到了葛拉漢所著的《聰明的投資者》一書，非常推崇。師從葛拉漢成為他的最大願望。大學一畢業，他便來到紐約，進入葛拉漢任教的哥倫比亞大學商學院，向葛拉漢求教。

葛拉漢深諳投資理論的精髓，強調對一系列企業實質投資價值瞭解的重要性。他告訴巴菲特，投資者的注意力不要總是放在行情顯示機螢幕上，應該放到發行股票的公司那裡。投資者應該瞭解的是公司的盈利情況、資產負債情況、公司的未來發展前景等，只有透過上述分析，才能發現或計算出一支股票存在的真正價值。他認為市場不可能在任何時候都能對股票的真正價值做出合理的估價，投資者之所以能夠在股票市場上獲利，關鍵在於他們發現並買進了低於其真正價值的股票。當市場最終發現其投資價值後，這支股票的價格也就會上升。

葛拉漢「嚴禁損失」的投資哲學，成為日後巴菲特奉行的圭臬。**巴菲特進而將其概括為兩條法則：第一條是不許失敗，第二條是永遠記住第一條法則。**

葛拉漢的研究領域以分析公司資料和年報見長，但對企業的類型和特質卻很少關心。費雪的方法學彌補了這個不足，他主張投資於成長率高於平均水準、利潤相對成長以及擁有卓越管理階層的企業，應該盡可能地獲取企業的第一手資訊。

巴菲特的高明之處在於他吸收了葛拉漢和費雪的理論精髓，而不是僅僅停留在老師的理論上，而且將其發揚光大。他認為想要進行成功的投資，就必須瞭解準備投資標的的基本情況。他常說：「股票市場就像上帝一樣，它只幫助那些自助者。對於那些連自己在做什麼都不知道的人，股市是不會原諒他的。」

進行投資組合

——彼得·林區——

「那些賠錢的股票讓我注意到很重要的一點，即你沒有必要在所選擇的每一支個股上都賺錢。依照我個人的經驗，在我們所構造的資產組合中如果有六〇%的個股能夠賺錢，這就是一個令人非常滿意的資產組合了。」

將一千美元投資於一支業績很差的股票，最壞的情況也就是損失一千美元。將一千美元投資於一支行情不錯的股票，也許幾年之後投資者可以賺到一萬美元、二萬美元，甚至十萬美元。投資者只要挑選到少數幾支業績非常好的股票，就可以獲得一生的投資成功，他們從這幾支業績不錯的股票上賺到的錢會遠遠超過在那些比較差的股票上遭受的損失。

長期以來一直存在集中投資與分散投資兩種完全對立的投資組合管理觀點，林區卻不偏執於某一種組合模式：「尋找一種固定的組合模式不是投資的關鍵，投資的關鍵在於根據實際情況來分析某支股票的優勢在哪裡。」

林區認為，確定投資的前提是研究分析股票價格是否合理：「假設你做了正確的研究並且買了價格合理的股票，這樣你就已經在一定程度上使你的風險最小化了。」相反地，如果購買了一支價格高估的股票就是一件不幸的事。因為即使這個公司取得了很好的業績，投資者仍然難以從中賺錢。

林區認為，應該盡可能集中投資優秀企業的好股票，而不能單純為了實現多元化投資的目標而選擇自己不瞭解的股票。投資者應該盡可能多地持有下列公司的股票：一是你對該公司有一定的瞭解；二是你透過研究發現這家公司擁有良好的發展前景。投資者應該根據自己的研究判斷來決定投資組合持有股票的種類和數量。

但是林區同時也認為，為避免一些不可預見的風險發生，只投資於一支股票是不安全的，一個小的資產組合中應該含有三～十支股票較適宜，這樣既可以分散風險，又有可能產生更多收益。

■ 如果你希望尋求「十倍股」（ten bagger），你擁有的股票越多，在這些股票中出現「十倍股」的可能性就越大。

■ 擁有的股票越多，資產組合調整的彈性就越大，這是林區投資策略的一個重要組成部分。有些人認為，林區的投資成功在於其只投資於增長型股票，其實林區投資於增長型股票的資金從未超過基金資產的三〇%～四〇%，餘下部分被分別地投資於其他類型的股票以分散風險。「儘管我擁有一千四百支股票，但是我的一半資產投資於其中一百支股票，六五%投資於其中二百支股票，一%的資金分散投資於五百支定期調整的次優股。我一直在找尋各個領域的最有價值的股票，卻不執著於某一類型的股票。」

■選擇中小型的成長股股票是林區的投資策略之一。增長理所當然是一家公司首要的優勢，成長股股票在林區的投資組合中佔最大的比例，其中中小型的成長股更是林區的偏愛。因為在林區看來，中小型公司股價增值比大公司容易，一個投資組合裡只要有一兩家股票的收益率極高，即使其他的賠本，也不會影響整個投資組合的成績。不過，林區在考察一家公司的成長性時，對單位增長的關注甚至超過了利潤增長，因為高利潤可能是由於物價的上漲，也可能是由於巧妙的買進造成的。林區不斷追求的是實際單位銷售量的增長數目。他曾經向投資者建議：「賺錢的最好方法就是將錢投入一家近幾年內一直都出現盈餘，而且將不斷成長的小公司。」

■選擇業務簡簡單單的公司的股票是林區的又一投資策略。一般的投資者喜歡競爭激烈的行業內有出色管理的高科技業務公司的股票，例如寶潔公司、3M公司、德州儀器、道化學公司、摩托羅拉公司等。經過數十年的成功奮鬥，它們已經形成有效率的團隊來利用機會、爭奪市場，並且透過創製新產品來推動增長。毫無疑問，你真的希望自祖輩起就持有這些公司的股票。但是在林區看來，作為投資者不需要固守任何美妙的東西，只需要一個以低價出售、經營業績尚可，而且股價回升時不至於分崩離析的公司就行。

■最恐怖的「餡餅」之一就是購買了一家振奮人心的公司的股票卻沒有獲利。以前，林區曾看上這類公司，是因為他的消息來源（通常很可靠）低聲告訴他：「我有一家很好的公司，但規模太小，不適合基金投資，不過你可以考慮自己投資。」當然，伴隨著可靠資訊的，經常是一些動人的情報，但林區無論是在阿爾漢市納礦業公司上，還是在美國太陽王等公司上都無一例外地賠了錢。

林區認為，在選擇分散投資的對象時，應該考慮下列因素：

增長緩慢型股票是低風險、低收益的股票；大笨象型股票是低風險、中等收益的股票；如果你確信了資產的價值，資產富餘型股票是低風險、高收益的股票；週期型股票取決於投資者對週期的預期準確程度，可能是低風險、高收益，也可能是高風險、低收益。同時，十倍收益率股票易於從快速增長型或轉型困境型股票中獲得，這兩種類型的股票都屬於既是高風險又是高收益類型的股票，越是有潛力增長的股票越有可能下跌。

林區認為，在投資組合管理中，要不斷地複查自己的股票，同時仔細觀察股市動態，根據公司及股市的變化對股票進行適當調整。

長期持有靠恆心

—華倫・巴菲特—

巴菲特的成功使他成為一個令人敬仰的人士，他成功的最大原因就是他的恆心。從他一九五六年合夥成立一個投資公司以來，美國的股市長期來說就是一個牛市，許多人沉不住氣，把股票賣了，可是巴菲特卻持有股票後十幾年不動。他的方法就是在股票低於實際價值時買入，堅決持有至價值被發現，在超過其內在價值時，他才會拋出。一九六九年美國股市太熱，巴菲特找不到好的投資機會，於是賣掉了累積了十三年的股票。

至一九七三年股市低落時，巴菲特又重新買入一〇六〇萬美元的華盛頓郵報股票，到一九八九年已增至四・八億美元；在一九七四年，他以四千五百萬美元買入的政府雇員保險公司，至一九八九年已值十四億美元。巴菲特二十多年來的平均收益率為二九％，正是這樣高的收益率使他成為一代股神。

巴菲特認為，一個投資者想要取得成功，就必須有恆心。在他看來，恆心是成為一個成功的投資者應該具有的重要素質，只有恆心持股，才有機會在等待中獲得超出一般指數的成績。

巴菲特經常說，只要他對某支股票滿意，他就去買下並長期持有，即使交易所關門十年也無所謂。持股十年，相信大多數投資者是很難做到的。因為在這漫長的時間裡，利率、經濟景氣指數及公司的管理層都有可能發生很大的變化，促使股價劇烈波動。股價的波動對大多數投資者而言，將會嚴重地刺激他們的神經，使他們的信心和恆心受到挑戰，往往為了阻止進一步損失賣出股票。

對投資者來說，恆心是必備的素質，想要得到超出市場平均值的回報，更需要加倍的恆心與智慧來應對由股價波動所帶來的影響。如果有像巴菲特一樣的恆心，能長期堅持下來，一定會獲得豐厚回報。因為股市中，成功總是青睞有恆心的人。

相信長期投資

—彼得・林區—

林區曾經說：「不考慮那些偶然因素，股票的表現在十～二十年的時間裡是可以預見的，至於想知道它們是否在今後兩三年內走高或者走低，不如擲個硬幣看看。」林區從不去考慮所謂買入時點或試圖預測經濟走勢，只要投資的公司基本面沒有發生實質性改變，他就不會賣出股票。

事實上，林區曾經對尋找買入時點是否是有效的投資策略做過研究。根據其研究結果，如果一名投資者在一九六五～一九九五年這三十年中每年投資一千美元，但很「不幸」，趕在每年的高點建倉，這三十年的投資回報年複合增長率為一〇・六%。如果另一名投資者在同樣時間段內「有幸」在每年的最低點建倉一千美元，他將在三十年中獲得一一・七%的投資回報年複合增長率。

可見，即使是在最糟糕的時點買入股票，在三十年的時間裡，第一位投資者每年的回報率只比第二位投資者少一·一個百分點。這個結果讓林區相信費心去捕捉買點是沒必要的。如果一個公司很強，它就能賺越來越多的錢並讓自己的股票價值不斷提升。因此，林區的投資工作就變得很單純，去尋找偉大的公司，並且長期持有。

這些偉大的公司股票指的是那種股價可以漲十倍的股票，而實現這樣的驚人回報首先要做到的就是長期持有，即使它很快就漲了四〇%甚至一〇〇%也不考慮賣出。但大多數投資者包括許多基金經理在內卻都在賣出或減少持有可以繼續盈利的股票，反而對虧損的股票不斷增倉攤平，期望能拉低成本，這種行為被林區戲稱為「拔走鮮花卻給雜草施肥」，林區不僅是一個股票投資者，更多的時候，他把投資變成生活的一部分。投資在他看來，是一門藝術，當你對它忠誠的時候，它才會對你忠誠。

建立自己的交易觀

—華倫・巴菲特—

巴菲特的交易觀，包括葛拉漢的安全邊際與費雪的基本面深入研究。他遵循價值投資而非投機的理念，堅定地長期持有，加上其本人特有的忍耐力，進而成為一代投資大師。

巴菲特的交易觀主要包括：

不被情緒影響

長期以來，有效市場理論已經被人們廣為接受，在人們心目中的地位根深蒂固。對此，巴菲特不屑一顧。**他說：「人們貪婪或恐懼的時候，經常會以愚蠢的價格買進或是賣出股票。」**

認識市場

投資者的心理有一個為市場出現不可避免的上下波動做好準備的過程。不僅要從理智上知道市場即將下挫，而且從心理上要鎮定自若，從容應對。巴菲特認為，一個真正的投資家極少被迫出售其股票，而且在其他任何時候他都有對目前市場報價置之不理的理由。

投資者如何保護自己？

可以肯定的一件事：當某事與金錢和投資相關時，人經常會判斷失誤。所以這時候需要理智，從理智的角度考慮哪些是真正控制股權的因素。利用這雙重分析來投資決策：首先考慮預期和機率；然後仔細評估心理因素的影響。

選擇最值得投資的行業

真正決定投資成敗的是公司未來的表現：因為投資的業績是在未來確定的，所以行業的性質比管理人的素質更重要。觀察消費者動態：成功的投資者具有無以比擬的穩定心態，密切關注消費者市場動向。不做不熟的，不做不懂的，只做簡單易懂、行業性質明確、有穩定收益、業績可以預期的股票。

巴菲特認為，想要投資股票市場，就要認識股票在投資理財中的優勢，這些優勢主要表現為：

■有可能獲得較高的風險投資收益。如果投資者選對了股票，並且能夠在市場的週期性低點買入，投資者就有可能獲得高額的投資收益。

■選擇有發展潛力的股票，可以獲得長期、穩定、高額的投資收益。當然，要獲得這樣的投資收益，其前提條件是：證券市場必須是健全的、規範的投資市場。雖然這個市場允許投機，但不應該是一個完全的投機市場。

■操作簡便、套現容易。無論是大宗交易，還是小額交易，都無須以現金交割的方式完成，提高了交易的安全性。

耐心是決定因素

—彼得·林區—

林區是長期投資的信奉者：「我對長期投資的興趣無人能及。但是正如聖經中所說，鼓吹要比實踐容易得多。」

林區非常反對短線交易：「指望依靠短線投資賺錢謀生就像依靠賽車、賭牌謀生一樣機會非常渺茫。事實上，我把短線投資看作是在家裡玩的紙牌遊戲。在家裡玩紙牌遊戲的缺點是要做大量的記錄工作。如果你在股市上每天交易二十次，一年下來要交易五千次，而且所有的交易情況都必須記錄下來，然後做成報表向美國國稅局進行納稅申報。因此，短線交易只是一個養活了一大批會計人員的遊戲。」

林區曾經說：「買一些有盈餘成長潛力的公司股票，而且除非有很好的理由，千萬不要輕易賣出。其中股價下挫永遠都不是一個好理由。」要像對待婚姻一樣押上你對股票的忠誠度，「如果你精於選股，但卻是一個機會主義者，最後充其量你也只是一個平庸的投資者。」雖然崩盤或回檔誰也無法避免，就像美國北方人無法避免大冰雪一樣。「人們在預防空頭所受到的損失，比空頭真正蒞臨時受的損失來得更多。」林區這個觀點也許出乎大多數人的意料。原因是為了預防空頭時段，投資者往往錯失多頭股市的機會。有數據為證：在一九五四年以來的四十多年裡，如果你能完全投資股市，年均回報率為一一・五%，但是如果你在這四十年裡的四十個漲幅最大的月份中沒有投入股市，投資回報率就只剩下二・七%了，差距甚大。還有一個統計數字也會讓波段高手們洩氣：假設你的運氣很差，自一九七〇年以來每次都買在年度最高點，你的年平均回報率只有八・五%；如果你抓波段的功力很高，每年都買在股市的最低點，回報率為一〇・一%。最能幹及最差勁的投資者相差也不過一・六%。這個統計數字告訴世人：抓波段操作並非真正的贏家，真正的贏家是從頭到尾投資在股市，並且投資在具有成長性的企業裡。請記住：「股票投資和減肥一樣，決定最終結果的是耐心，而不是頭腦。」

充分認識風險

——華倫·巴菲特——

巴菲特說，股市中的風險無時不在。但是不要畏懼風險，畢竟它是可以防範和控制的。要應對風險，最需要做的就是認識風險、瞭解風險。總體來說，股票市場上存在三類風險：

第一類是市場價格波動風險。無論是在成熟的股票市場，還是在新興的股票市場，股票價格都總在頻繁波動，這是股市的基本特徵，不可避免。美國股市曾經遭遇「黑色星期一」，投資人這一天的損失就高達數千億美元。

第二類是上市公司經營風險。股票價格與上市公司的經營業績密切相關，而上市公司未來的經營狀況總有些不確定性。每年有許多上市公司因為各種原因出現虧損，這些公司公布業績後，股票價格隨後就下跌。

第三類是政策風險。國家有關部門制定或調整一些直接與股市相關的法規、政策，對股市會產生影響，有時甚至是巨大的波動。有時候，相關部門提出的一些經濟調整政策，雖然不是直接針對股票市場的，但也會對股票市場產生影響，如利率的調整、匯率體制改革、產業政策或區域發展政策的變化等。

巴菲特說：「投資的關鍵在於懂得怎樣自救。」要有自救的能力，必須在開始的時候就考慮周全、謹慎，不要一下子把全部資金投入進去，手頭應經常留有數量較大的備用資金。巴菲特的經驗就是：「如果經濟狀況欠佳，第一步要減少投入，但不要收回資金。可以先投石問路。當重新投入時，一開始投入數量要小。」因為他認為，慎重總有好處，因為沒有誰一下子就能看清股市的真正走向。五分鐘前還在大幅上揚的股票，五分鐘後立即狂跌的事經常發生，根本無法一眼準確地斷定這種變化的轉捩點。所以，在大規模投資之前，必須先試探一下，心裡有底後再逐漸加大投資。

巴菲特認為，慎重不是保守，更不是膽小，而是一種修養，一種策略，一種準備。魯莽與錯誤相伴，慎重與正確相隨。要減少投資損失，慎重投入總是對的。

不要盲目抄底

——彼得·林區——

歷史告訴我們，股市大跌其實是好事，因為它讓我們又有一次好機會，能以很低的價格買入那些很優秀的公司股票。

成功的選股者和股市下跌的關係，就像高緯度國家的居民和寒冷天氣的關係一樣。你知道股市大跌總會發生，就會為安然度過股市大跌做好事前準備。如果你看好的股票隨其他股票一起大跌了，你就會迅速抓住機會，趁低更多地買入。

但需要指出的是，抄底買入不是我們想像的那麼簡單。林區說，想要抄底買入一支下跌的股票，就如同想要抓住一把下跌的刀子，有可能不但抄不到底，還會連你的老底都輸個精光。因為你錯認為已經到底部，其實根本不是底部，甚至離真正的底部還很遠。通常來說，更穩妥的辦法是，等刀落到地上後，扎進地裡，晃來晃去一陣後停止不動了，這時再抓起這把刀子也不遲。

即使投資者已經研究得非常清楚，也難以在最低價位抄底買入。通常股市在重新上漲之前都會震盪整理，這個震盪整理期可能會長達一～三年，甚至更長。

如果你對一家公司的股票感興趣，你應該找到一個更加充分的買入理由，而不是因為這支股票已經下跌這麼多了，看起來可能會反彈。你買入的更好理由應該是，你發現公司的業務繼續強勁上升，公司的盈利大幅反轉，你分析了公司財務報表後發現公司的本益比明顯偏低。

說起來很簡單：「下次股市大跌的時候，我一定不會恐慌，我要趁機逢低買入一些超跌的好股票。」但是做起來不簡單。因為每一次危機看起來都好像要比上一次更嚴重，在股市大跌中想要做到置之不理反而逆市買入很難。

避免由於過於悲觀而被嚇得拋出股票的最簡單、最實用的辦法就是：每個月定期定額買入股票，或者買入基金。如果你在股市大跌的氣氛中非常恐慌，請牢記林區的三個忠告：緩割肉，長持有，慎抄底。

不要指望投機暴富

—華倫·巴菲特—

巴菲特是一個投資天才，他有一種獨特的稟賦，這也是許多人無法學習到的，他對股票的態度可以歸結為耐心和熱愛。人們一直在琢磨怎麼樣才能盡快地致富，他們認為股市是產生神話的地方，夢想「一夜暴富」，抱持這樣的心態入市的投資人不在少數。

從這個角度而言，巴菲特的投資理念和方法是與多數人的某些天性相悖的。他用一生的時間累積財富，認為自己沒有一夜暴富的本領。想要在股市賺錢，必須做到心平氣和。你一定要明白自己現在有什麼，自己正在做什麼。

如果追求的目標不切實際，希望自己投資的股票一天一個漲停，一個月漲上幾倍，到頭來不但賺不了錢，反而會導致不必要的損失。因為具有這種投資心態的人，在投資實踐上很難做到理性的投資。

暴富心理導致「貪心」。這些人買入股票後，一旦股價上漲，他們對股價的期望也隨之水漲船高，漲了一元想二元，到了二元盼四元。對上市公司股價上漲期望「泡沫」的不斷滋生、膨脹，會使相當一部分投資者或是成為高價追漲的犧牲品，或是錯過了寶貴的賣出時機。

同樣，股價下跌，一些人總是希望產生反彈，一旦市場果真反彈，不切實際的主觀幻想會重新湧現，「估計還會再漲吧！」「是不是牛市又來臨了？」抱持這種想法，自然不會平倉出場，最後等待股價兩次下跌以後，才在恐懼心理的作用下被迫停損出局。

暴富心理導致性情浮躁。由於買入股票後，希望股價出現大漲，一旦事與願違，股價不漲反降，即使是一個小幅度的回檔，也會心神不寧、焦急萬分，無奈之際，經常是慌不擇路，倉皇出逃。如此沒有耐心，輕率決策，頻繁進出，只能幫證券商做工，根本賺不到錢。

暴富心理導致「賭博」。這在投資上的一個重要表現就是在大盤或個股的走勢還不明朗，或在企業基本面的變化尚未明顯改觀之前，僅憑藉自己的猜測，就輕易買進或賣出，企圖靠碰碰運氣發上一筆。

投資者如果抱持賭博心理而進入股市買賣股票，就是走向失敗的開始。在股票市場行情不斷下跌中，遭受慘重損失的往往都是這種人。因為這種人在股市中獲利後，多半會被勝利沖昏了頭腦，像賭棍一樣不斷加注，直到輸光為止，而在股市中失利後，他們往往又會不惜背水一戰，把身家全部投入，孤注一擲，結果往往可能是事與願違，損失慘重。

忽視震盪，堅定持有

——彼得·林區——

面對大幅震盪或股市調整該怎麼辦，這似乎是投資者永恆的困惑。林區的意見是：「如果你不能比較好地預計到股市調整的到來，就堅定地持有。」美國歷史上曾經發生過多次嚴重的股災，哪怕投資者一次也沒有避開這些股災，長期投資的結果也遠遠強於撤出股票投資。在市場震盪的時期，大家需要克服的是恐懼，並以理性的態度面對。當然，也要切記一個前提，用不影響個人、家庭正常財務狀況的資金來進行投資，或者說，控制好投資理財的比例。

林區認為，「理論上說，股票市場上的每個行業都會有輪到它表現的時候。」因此在適當的時機投資，尤其是關注那些已經處於衰退谷底，開始顯示復甦跡象的行業，將有可能獲得更加可觀的收益。

在股市看到很多投資者有種錯誤的投資理念，那就是手裡握著幾支或十幾支股票，他們卻不知在這動盪的股市中，要守好幾支乃至十幾支個股不虧是非常困難的，更不要說賺錢了，可以這樣說，大盤在牛市時你的個股也許有幾支賺錢，但你的看盤經驗和能力有限，如果發生突然變盤，你很難在短時間了結所有手中的股票。其實投資者完全可以把有限的精力放在那一兩支個股上，對它進行細心觀察，符合買點就買，不符合就再重新等待機會，總之只要大盤不是太惡劣，一天之中有很多個股會像春筍一樣冒出來。

摒棄外界干擾

——華倫·巴菲特——

巴菲特很少關注經濟消息，他說：「即使是聯準會主席悄悄地告訴我今後兩年的經濟政策，也不會改變我的投資策略。」此話足見巴菲特在股票投資時對經濟資訊的漠視程度。

一九八九年，投資大師彼得·林區應邀訪問巴菲特在奧馬哈城的總部時，發現在巴菲特的辦公總部裡竟然沒有一台股票行情機，也沒有一台能查閱資訊的電腦，彼得·林區對巴菲特投資股市卻真正遠離股市行情的做法感到十分驚訝。

巴菲特的這些做法令廣大投資者難以理解，然而在四十多年的投資活動中，儘管巴菲特對經濟資訊十分漠視，也不理會股市行情的變化，但他的投資收益率依然比誰都高。對此，巴菲特曾經解釋說：「正如誰也沒有辦法準確預測經濟的趨勢一樣，也沒有人能夠預測股市的走勢，投資者如果對經濟狀況和股市走勢先做預測，然後再去購買符合這種預測的股票，就是愚蠢的做法，因為此時的投資者只有對經濟和股市行情的猜測碰巧正確時才會有較好的收益。」

因此，巴菲特喜歡購買那些盈利能力不受經濟變化影響的公司的股票。巴菲特的投資歷程證明，他長線投資的公司，都是一些在不同的經濟環境下皆能獲利的公司，既然持有這樣優秀的公司的股票，又何必每天都去關注股市行情的變化和經濟消息？

巴菲特認為，市場上流傳的分散投資或者多元化投資是人們為了掩飾自己的愚蠢所採取的行為。在這一點上，巴菲特的老師葛拉漢的觀點與此正相反，他要求投資組合中必須有上百種股票，目的是為了預防某些企業或股票不獲利的可能性發生。巴菲特曾經採納了葛拉漢的觀點，但他後來發現，這種投資方式經常令人左支右絀，照顧不過來，於是他轉向了費雪和蒙格的理論。費雪認為，投資者為了防範風險，而將雞蛋分散在許多籃子裡，結果是許多籃子裡裝的全是破雞蛋。因為精力有限照顧不周，導致雞蛋被打破，所以多元化的投資理論不適用。

之後，巴菲特就開始自己的集中投資戰略。他領導的波克夏公司，其投資被配置在上市公司股票、未上市經營公司的控制性私人資本、債券、商品、外匯等多種資產上。儘管巴菲特將約八四%的上市公司股票投資配置集中在約十支股票上，但是全部約三十支股票的投資組合價值只佔全部投資組合的三〇%左右。在投資行業的選擇上，巴菲特往往是選擇一些資源壟斷性行業進行投資。從巴菲特的投資構成來看，道路、橋樑、煤炭、電力等資源壟斷企業佔了相當大的比例，如巴菲特二〇〇一年上半年大量吃進中國石油股票就是這種投資戰略的充分表現。

從表面上看，集中投資的戰略似乎違背了多樣化投資分散風險的一般性認識。不過，巴菲特對投資者提出這樣的忠告：「成功的投資者有時需要有所不為。」他認為，「不要把所有雞蛋放在同一個籃子裡」的投資理論是錯誤的。對於分散投資，他說：「分散投資是無知者的自我保護法，對於那些明白自己在做什麼的人來說，分散投資是沒什麼意義的。」

關於集中投資，巴菲特認為：當遇到比較好的市場機會時，唯一理智的做法是大舉投資或集中投資。一個人一生中真正值得投資的股票也就四、五支，一旦發現了，就要集中資金大量買入。手中的股票控制在五支以內，還便於跟蹤。如果投資者的組合太過分散，這樣反而會分身無暇，弄巧成拙。

設定理性預期

—彼得・林區—

林區曾經說：「投資股市不是為了賺一次錢，而是要持續賺錢。如果想靠一『博』而發財，你可以離開股市，去賭場好了。」具體操作長期投資時，可以參考以下幾點：

夢想透過股票市場每隔一兩年將自己的財富翻倍的投資者們，絕對有必要對自己投資股票的收益和風險預期朝著理性和現實的方向修正。只有理性預期的人才能以平常心態堅持長期投資，進而成為股票市場的真正受益者。

一般而言，相對於債券等其他資產來說，長期預期收益率越高，投資者配置在股票中的資金就應該越多。但是，僅僅明確了股市的長期收益和風險特徵不足以讓我們決定投資在股市中的具體資金額度。投資者還需結合目前財務狀況和未來資金需求確定投資的期限、要求的最低回報率以及可承受的最高風險，進而確定用於股票的資金配置比例和投資方法。

儘管現代投資組合理論上要求我們以實現整體資產的總收益最大化為投資管理目標，但是行為上我們都將自己不同數額的資金存入具有不同用途的帳戶中，並且對該部分資金有不同的投資期限、收益要求和風險承受能力。例如，我們為子女設立的大學學費儲蓄帳戶的投資期限和要求的回報基本固定，但是承受本金下跌風險的能力極低，因此也許根本就不能被投資在股票市場上。同樣，用於退休目的的儲蓄也必須視帳戶所有人的財富水準、當前收入、生活方式、退休生活規劃等方面的要求來決定投資於股市的比例。

無論市場多麼狂熱，身邊有多少人最近在股市中賺了多少錢，也不管有多少機構投資者的多少專家呼喊「十年牛市正剛起步」，世界上沒有只漲不跌的單邊市場。一旦股票市場轉向下跌，就必然有人因為流動性需求等原因遭受巨大損失。所以，準備新參與股票市場或者加大參與度的投資者們尤其應該仔細審視自己的投資目標、投資期限和風險承受能力，以免成為股市向下波動的下一個反面教材。

忽視短期波動

—華倫．巴菲特—

巴菲特特別注意兩點：一是買什麼股票，二是以什麼價格買入。

巴菲特的投資是以價值為導向，只注重股票的內在價值，對於股市短期內的漲跌變化不甚關注，他的大部分精力和資本用在尋找並投資好的企業上。他認為，一個好的企業一方面要有長期發展的基礎和潛力；另一方面必須有為股東的長期利益著想的管理層。這個管理層需要由負責任的人員組成，並且在企業裡佔有一定的股份。巴菲特從不追逐市場對某個企業的估價，也不因為一個企業的股票在短期內會大漲就去跟進。相反地，他會竭力迴避被市場高估價值的企業。一旦投資於一家自己中意的企業，他就會長期持有其股票。這家企業的長期成長會給他的投資帶來良好的回報。

在股市上，如果要效仿巴菲特，不理會短期內股市的漲跌變化，首先就要像巴菲特那樣買入值得長期持有的優質股票，如果買入了一支前途渺茫的劣質股票，是無法叫人高枕無憂的。

首先應該解決的問題，就是買什麼樣的股票。整體原則是這樣的：只有有持久競爭優勢的公司，才能夠以壟斷者的地位來獲利，其競爭優勢越持久，創造的獲利能力越強大，正是這一點使巴菲特確認這樣的公司會渡過任何難關，並使沉淪的股價向上提升。**一般說來，企業的持久競爭優勢可以表現為兩個重要方面：一是低成本的持久性；二是品牌優勢的持久性。**

必須注意的一點是，優質公司的股票其價格經常沒有人變動，投資者不能只注意到它是優質公司就不顧一切地買進。買入價格經常決定報酬率的高低，所以要獲得高出平常的報酬率，就要用較低的價格買進優質公司的股票。不然，高進高出，等於白費力氣。所以，買入時機是投資制勝的關鍵。股票價格是動態的，處於不斷變化之中，體質優良的公司股票儘管很難有超乎尋常的低價位，但當意外情況發生時也會有令人驚喜的低價位。如果買入價格合適，就會有可觀的收益和報酬率。

長期持有並管理手中的股票，耐心等待企業的成長。巴菲特堅守自己一貫的長期投資理念，憑著內在價值高於市面價值的投資理論選擇投資對象，當公司股價被市場嚴重低估時大量買進，然後一路持有。如今，巴菲特持有美國運通、可口可樂、迪士尼、吉列、麥當勞及花旗銀行等許多公司的大量股票。數十年之間股市風起雲湧，跌宕起伏，但巴菲特幾十年如一日地持有自己選定的投資對象的股票。有人問及他死後對其投資的公司會有什麼影響時，巴菲特調侃地說：「可口可樂短期內的銷售量可能會暴增，因為我打算在陪葬的飛機裡裝滿可口可樂。」這很具體地闡釋了他的投資理念。或許是因為投資的原因，巴菲特對可口可樂情有獨鍾，他的夫人蘇珊亦曾調侃道：「巴菲特的血管裡流的不是血而是可樂。」與自己選擇的投資標的生死相伴的人，不會在乎股票的短期漲跌變化。他曾經勸告那些渴望一夜暴富的投資者：指望你買進的股票立刻上漲是不現實的，最好的方法就是在適合的價位買進自己中意的股票，然後靜靜地等待它上漲，達到自己的預期目標。

投資股市可以不必每日盯著股價波動，畢竟上市公司的股價波動與公司經營無關。買進後可選擇遠離股市，免受市場上盲目情緒的影響，而干擾自己的計畫。

利用週期，順時而動

——彼得·林區——

有耐心的投資者往往能成為最成功的投資者。長期投資則是這一類人偏愛的投資類型。在股市中進行長期投資，把握市場長期走勢是非常必要的，用經濟週期的規律來尋找其中的契機是一個好方法。

比選股更重要的是耐心持股。在這個方面，林區在投資生涯的初期有切膚之痛。他很早就發現了家德寶建材公司，當時股價只有二十五美分，他買進持有一年後就賣掉了，十五年後上漲了二百六十倍。同樣的股票還有聯邦快遞，都因為沒有耐心持股而錯失幾十倍幾百倍的收益。由於有了早期的教訓，林區在後來的投資生涯中，一旦找到好公司都是長期耐心持有。

長期投資往往是成功投資者偏愛的投資類型。長期投資不能單純地理解為「買入後靜等」，長期投資需要將經濟週期等因素考慮進來。經濟週期分為四個階段：復甦期或成長期、通膨期、減緩期、衰退期。

利用規律

在復甦期，政府一般會升息或維持不變；在通膨期，政府一般都會大幅度升息；在減緩期，政府會減息或維持不變；在衰退期，政府則都會大幅度減息。

在復甦期中，由於整個社會剛剛走出衰退的陰霾，經濟還很脆弱，政府不敢大幅度升息。此時，政府升息的幅度通常跟不上公司利潤的增長，於是就會出現越升息股市越走強的情形。

在通膨期間，雖然政府擴大了升息的幅度，但因為經濟對升息的反應有個滯後效應，即利息的變化不是立刻產生作用的，通常根據當時經濟的強度，會有幾個月到一年不等的反應期。此時就可能會出現利息上升，股市同時也走強的現象。

在減緩期中也有類似的效應，因為經濟剛剛經歷了通膨期，政府不敢大幅度減息。此時，減息的幅度跟不上公司利潤的減緩，於是就會出現越減息股市越走低的情形。

在衰退期間，雖然政府加大了減息的幅度，但由於經濟對於減息的滯後效應，導致了利息降低，股市同時也走低的現象。

不難看出，利率的滯後效應使得股市的走勢與經濟週期在某種程度上出現了一致的情形。政府總是不希望看到這種情況，因為它給經濟預測和政策實施效果帶來許多不利影響。聯準會前主席葛林斯潘在任職期間就一直致力於經濟預測和消除這種利率的滯後效應，以求經濟的平穩增長。

長期投資，適時而動

一般來說，買股的最好時間是經濟衰退期的後期和復甦期的前期，即所謂的長期投資要逆勢而非追漲，許多市場經驗也說明長期投資要逆勢。

二〇〇〇年中期，美國科技股泡沫破滅。當時美國的GDP為四·八%，隔夜拆借利率為六·五%。隨後，GDP很快就一路下滑到二〇〇一年第四季度的〇·二%。聯準會開始緊追著驟然降溫的經濟大幅度減息。然而，聯準會怎麼做都阻擋不了經濟的降溫之勢，它怎麼減息，股市就怎麼跌。標普五〇〇從二〇〇〇年六月的一四五四點跌到了二〇〇三年二月的最低點八四一點，隨後開始回升。事實上，美國經濟在二〇〇二年期間已經開始有所回升了，但聯準會為了保住革命果實，讓經濟能夠回升到歷史的平均水準四%，因而繼續減息到二〇〇三年。可見，經濟衰退期的後期和復甦期的前期是買股的最佳時機。

用經濟週期的規律來尋找股市長期投資的機會不失為一個好方法。要注意的是：耐心的投資者是最好的投資者。當資金充裕時，不要立刻跳進市場，而是必須保持頭腦清醒，先看看目前市場正處在經濟週期的哪個階段，然後再開始選股。通常，最好時機是衰退期的後期和復甦期的前期，其次是復甦期和通膨期的前期。由於股市走勢比經濟週期要超前一些，所以通膨期的後期應開始拋售股票，此時就不是買股的時機了。

正確評估企業未來

——華倫·巴菲特——

巴菲特認為，長期而言股票的價值會主導股票的價格走勢。價值與股價現在的變動無關，垃圾股可能與績優股一樣上漲五點，但經過長時期的價格變動，績優股會逐漸反映出其投資價值，而垃圾股可能最後淪為賭場計分板或者股東追逐投票權的參考依據。

在一九九四年波克夏公司的年報中，巴菲特花了好幾頁的篇幅解釋其追求內在價值的過程。就像一般投資人所預期的，巴菲特會固定報告公司的每股帳面價值。他說：「就像我們不斷告訴各位，內在價值才是重點所在，有一些事情是無法逐條說明，但卻必須列入考慮範圍內的。」然後他繼續指出，「我們把內在價值定義為，可以從企業未來營運中拿回來的折扣現金價值。」雖然巴菲特不諱言，隨著外在利率的變動，企業未來的現金流量也必須做修正，這種主觀認定的內在價值也因此會有所變動。

巴菲特以一九八六年併購的史考特·費澤公司為例。併購當年，史考特·費澤公司的帳面價值是一・七二六億美元，巴菲特出價三・一五二億美元，比帳面價值多了一・四二六億美元。一九八六～一九九四年，史考特・費澤的總盈餘一共是五千五百四十萬美元，而巴菲特分得的股利則一共是六・三四億美元。配息之所以高於盈餘是因為該公司握有多餘的現金，或說是保留盈餘，這些全回歸到股東——巴菲特的波克夏公司手中。

這樣算來，使得波克夏公司（巴菲特持有超過六〇％股份）的總投資額在三年之內增值達三倍。波克夏現在仍然是史考特・費澤的股東，後者的帳面價值仍然與併購當時相同；迄一九九四年止，波克夏公司單單配股所得就超過當初併購費用的兩倍。

巴菲特認為，用價格作為衡量業績的唯一指數是愚蠢的。然而大多數投資者確實是這樣做的，他們都對價格缺乏清醒的認識。如果某種股票的價格上漲了，他們就認為有利多消息；如果股價下跌了，就認為有利空消息。他們會採取相應的行動。但是這種根據股價的上下波動進行投資的策略是不明智的。

此外，還有一種愚蠢的習慣，即以短期的價格衡量業績。巴菲特認為，大多數投資者不僅衡量業績的依據（價格）是錯誤的，而且他們對業績衡量得太快，也太頻繁。如果他們對所看到的數字不滿意，他們立刻就換股。

這種雙重式的愚蠢——以價格為衡量依據，以及短期的炒作心態——是一種不健康的投資方式。正是這種不健康的心態導致某些人每天都關注股市行情，並經常性地打電話給證券代理商，這些號碼均設置在快速撥號的功能上。這也是為什麼那些負責幾十億美元投資的機構券商們，隨時準備得到指示，即刻買賣的原因。同樣出於這種原因，共同基金的券商們總是快速更換他們的證券投資組合——他們認為這就是他們的工作。

巴菲特認為以長期而言，股票的價格應該近似於企業價值的改變，以短期而言，價格能大幅度地在公司的實質價值上下盤旋，這是受企業成長之外的因素影響。問題仍然在於大多數的投資人使用短期價格變化，以精確計量他們的投資方法成功或失敗。但是這些短期的價格變化，對於預測企業的經濟價值變動毫無幫助，反而對於預測其他投資人的行為較有幫助。

巴菲特認為，使用短期價格來判斷一家公司的成功與否是愚蠢的。取而代之的是，他要被投資公司向他報告因為經濟實力成長而獲得的價值。

一年一次，他固定檢查幾個變數：

- 初始的股東權益報酬率。
- 營運毛利、負債水準與資本支出需求的變化。
- 該公司的現金產生能力。

如果這些經濟上的指標正在進展，長期下來，結果會反映在股價上。短期之內，股價發生的變化是暫時的。

將經濟上的指標當作績效考量的標準，其困難點在於這個績效評估方法，不是習慣上的用法。委託人和投資專家同樣被價格起伏牽著鼻子走。每天股票市場報導價格的變化，委託人的會計報表反映每個月的價格變化，而投資專家的績效又以價格的變化每季被評估。要解決這些矛盾，可能就在於運用巴菲特不透明盈餘的概念。如果投資人使用不透明盈餘來評估他們的投資組合的績效，也許那種僅是追逐價格起伏的不合理行為可以被調整過來。

長期投資組合多元化

—彼得·林區—

林區素以選股靈活出名，有「股票多情種」的美稱，他買賣過的股票有一萬五千多支，給巴倫週刊推薦股票時，動輒幾百支甚至上千支，似乎沒有林區看不上的股票。特別是在他基金經理生涯的起初階段，換股頻繁，買進賣出像走馬燈似的，跟今日一般散戶沒有什麼兩樣。奇怪的是，他成功了，很多像他一樣頻繁買賣股票的人，多半是只賠不賺。

理論上，充分多樣化要求投資者將資金按市值構成比例分散在全球所有股市上的所有股票上。這對於絕大多數的投資者來說顯然是不現實的，也是不能接受的。實際操作的投資顧問專家的建議是個人投資者將股票投資資金分成大小兩部分，較大的一部分被稱作核心組合，主要投資於那些在國民經濟中佔有舉足輕重地位的大市值股票以抗拒下跌風險；金額較小的那一部分被稱作周邊組合，主要被用來投資那些可能帶來意外驚喜或者超額利潤的中小型公司股票以滿足投資者的風險偏好。在投資方式上，核心組合主要以指數或增強型指數類的被動投資策略為主，而周邊組合主要採用主動投資策略。

在銀行、保險、能源、電信等產業領域裡的大型上市企業，逐步控制國內股票市場的總市值的大環境下，這種「核心——周邊」投資組合方式是值得個人投資者們借鑑的。我們不妨將主要的資金投資在那些控制著國民經濟命脈，壟斷著行業經營權或者佔有大部分國家經濟資源的企業上，將可帶豐厚而穩定的收入。

股票的長期收益率相對於短期政府債券而言存在巨大的優越性，這就是股票的內在風險溢價特性。而且，如果投資期限足夠長，股票投資只有溢價，幾乎沒有風險。根據先鋒基金（Vanguard）研究部門二〇〇六年發表的一份報告，投資者如果在一九二六～二〇〇五年間的任何一年，投資以標準普爾五〇〇綜合指數代表的美國股票並且持有十年，他只有在一九二六～一九三六年間遭遇負的回報。同樣，坎薩斯城聯邦儲蓄銀行對一九二六～二〇〇二年間債券和股票的研究發現，如果投資者能夠持有股票至少二十八年，他的投資回報肯定優於同等期限的債券。

由於股票最終必然反映出人類經濟增長的成就，因此期限極長的股票投資應該也是必然賺錢的。這就意味著投資者不僅要長期投資，而且要堅持在這個時期裡定期投入更多的資金。由於缺乏統計，我們無從知道同時期內在各證券營業部交易大廳盯著大螢幕的散戶們和享受ＶＩ

Ｐ服務的大戶們的具體投資績效。但是，如果股市真如所說的趨勢向上，定期投資能夠讓大多數的投資者以一個平靜的心態參與股市並分享其長期回報。

從錯誤投資中學習

—華倫・巴菲特—

巴菲特說：「投資人不需要做對很多事情，重要的是要能不犯重大的過錯。」綜觀巴菲特幾十年的投資生涯，沒有出現過很大的虧損，但這不是說他的投資就沒有失敗過。巴菲特之所以能在投資界取得好成績，只是因為他成功的投資比不成功的投資要多一些，他犯的錯誤比別人少一些。

在關注巴菲特成功的同時，切不可忽略他曾經經歷過的失敗。那些失敗的經歷不光對他本人有重要的意義，對其他投資者也有借鑑作用。巴菲特曾經承認自己做下六項失敗的投資：

■一九六五年，他投資買下波克夏紡織公司，後來因為來自外部的競爭壓力較大，紡織工廠在二十年後關閉，所以他建議人們不要投資不具長期持久性競爭優勢的企業。

■一九八九年，巴菲特以三・五八億美元投資美國航空公司優先股。可是，後來隨著航空業的不景氣，股價一路下滑，他的投資也受到損失，為此他懊惱不已。有一次，有人問他如何看待發明飛機的萊特兄弟，他回答說應該有人把他們打下來。在這件事中，他得到一個教訓：不要投資不景氣的產業。

■一九九三年，巴菲特以四・二億美元買下ＤＥＸ製鞋公司，不過他是以波克夏海瑟威公司的股票來代替現金。隨著該公司股價上漲，如今他用來購買這家製鞋公司的股票價值二十億美元。在這件事中，他總結出的經驗教訓是：不要以股票代替現金進行投資。

■一九六四年，巴菲特以一千三百萬美元買下當時陷入醜聞的美國運通五％的股權，後來獲得一些利潤後就賣出了，如果他堅持持有二十多年，他當時買進的美國運通股票價值將超過二十億美元。所以，他建議人們不要太快賣出自己的股票。

■巴菲特曾經收購過一家百貨商店，最後證明這是一項失敗的投資。因為在現實中許多經營了很多年、業績良好的零售企業會在一夜之間關門，就連巴菲特對此也感到難以理解。巴菲特在零售業上的失敗投資，使他從未在這個領域賺到過錢，所以他建議別人不要投資零售業。

■巴菲特投資世界百科全書公司。不久，世界百科全書公司因為受到新的資訊技術的巨大影響，利潤直線下滑。儘管巴菲特想盡辦法，仍然沒有明顯成效。由於網路和電子出版的興起，對紙製的世界百科全書產生巨大影響，加之巴菲特沒有對產業內的公司長期競爭力做出基本的判斷，所以他的這次投資遭受重大損失。他總結的經驗教訓是：投資者不要投資產業結構穩定性不強的企業，要進行投資必須充分考慮技術的影響，否則就會遭到失敗。

巴菲特憑藉自己的經驗還告訴人們，投資以下兩類企業也可能導致不成功：

一類是過分依賴研究的企業。許多高科技企業以研發出新產品來維持競爭優勢，如果它們沒有新產品就會失去競爭力。華爾街的投資者普遍看好如ＩＢＭ、微軟這樣研發新產品、每年花在研發上的費用高達數十億美元的高科技企業。巴菲特非常理解研發工作在這些企業中的地位，認為這的確是企業保持活力的關鍵所在。巴菲特可能也正因為它們過於依賴研發，所以對這類企業不是很感興趣。

另一類是管理層不誠實的企業。對於那些有意隱瞞企業的真實情況的管理層，巴菲特絕對不會和他們做生意，因為他們總是隱瞞不好的消息，但是這些消息遲早會被披露出來，這樣就很容易引起股票市場發生很大的震盪，導致投資風險增大。在巴菲特看來，管理層的不誠實是可恥的，即使企業存在重大隱患，管理層犯了重大的失誤，也應該誠實地將其披露出來。可是，我們在大多數報表中看到的似乎都是樂觀的好消息，這樣會導致投資者的行為受到誤導，投資的安全性受到威脅。

巴菲特說：「對於我的每個錯誤，我總是要求自己可以做出解釋。」人們在投資領域的行為，經常比在其他領域更容易犯錯。不過，在面對錯誤時，需要做的是能真正找到錯誤的原因，然後重新進行投資，這樣才能避免再犯錯，投資安全性也會提高。

運用逆向思維

—彼得・林區—

股票市場的一大特點就在於除了資金以外沒有任何其他的門檻，而且確有一些既無投資知識又無操作經驗的人成為幸運兒。這就導致了股市的另一個鮮明特點，即宣稱自己是股市專家連資金的門檻都不需要。因此，市場中充斥著帶著不同面具的所謂專家們，尤其是當市場處在極端狀態時，這些專家的數量還會急遽攀升。如何區分專家和說謊者，是全球投資者正在面臨的一項巨大挑戰。唯一的應對之策在於投資者加強對基礎金融知識的學習，提高自我保護意識，避免成為不當操作建議的受害者。

林區認為，股票市場是一個「零和」遊戲場，即在一定時間段裡所有投資者的回報總和等於該期股市指數的回報。但投資實務界的警言是，對所有投資者而言，股票投資實際上是一場「負和」遊戲，因為投資者還需要承擔股票市場的監管維持成本、交易成本、投資管理及市場行銷等費用，所以投資者在決定聽取專家建議時，必須仔細審視可能帶來的成本。

林區建議股票投資者不僅可以對大多數的專家看法置之不理，甚至可以運用逆向思維來增加自己的收益。比如，多數的專家在股市下跌時建議投資者賣出頭寸，而在股市上漲時建議投資者加碼。如果反其道而行之，在股市下跌時買進更多，而在上升時拒絕加碼，投資者的收益將要好得多。

買價必須合理

—華倫・巴菲特—

巴菲特之所以投資成功首要的一點就是：他必須以合理的價格購買，同時所購企業必須符合他的期望。巴菲特認為，選購企業時不但要辨認出可以賺得高於平均收益的公司，還應該在價格遠低於其實質價值時購買這些企業。巴菲特教導投資者，只有在價格與價值之間的差異高過安全邊際的時候才能購進企業或股票。

安全邊際的原則有兩個方面的作用：

首先，使投資者避免受到價格上的風險。如果巴菲特所計算的企業價值，只是略微地高於它的每股價格，他不會購買該股票；他的推論是，如果公司的實質價值因為他錯估未來的現金流量而下降，股票價格終究也會下跌，甚至低於他購買的價錢。但是，如果存在於購買價格與公司實質價值之間的差價足夠大，實質價值下跌的風險也就比較低。巴菲特如果以實質價值的七·五折購買一家公司，但隨後該公司的價值下跌了一〇%，他最初的購買價格仍然會為他帶來適當的報酬率。

其次，安全邊際原則也提供了一些機會，使投資者可能獲得極佳的股票報酬率。如果能夠正確地辨別出一個擁有高報酬率的公司，長期之後該公司的股價將會穩定地攀升，反映在它的報酬率上。股東權益報酬率持續維持在一五%的公司，它股價的上漲程度將會超過股東權益報酬率一〇%的公司。如果巴菲特能夠以低於實質價值的價格收購一家優秀的企業，波克夏公司將會在市場價格進行修正的時候，額外地大賺一筆。巴菲特說：「交易市場就像上帝一樣幫助那些自助者。但是和上帝不同的是，交易市場不會原諒那些不知道自己在做什麼的人。」

巴菲特在他幾十年的投資活動中，還非常重視企業的長遠發展，他的每一次投資都是胸有成竹的。正是他的理性、成熟與睿智，成就了他的財富傳奇。

給自己一個買入的理由

—彼得・林區—

找到一個好的公司，我們的投資戰略還只成功了一半，如何以一個合理的價格買進，是成功的另一半。林區在評定股票價值時，對公司盈利程度和資產評估都很關注。盈利評估集中於考察企業未來獲取收益的能力。期望收益越高，公司價值越大，盈利能力的增強意味著股票價格的上揚。資產評估在決定一個公司資產重組過程中非常有指導意義。

與以巴菲特為代表的著眼於實值股和成長股的長期投資家不同，林區屬於典型的現代派投資家。現代派投資家是不管什麼種類的證券，實值股也好、成長股也好、績優股也好，只要是有利可圖就買，一旦證券價格超過其價值就賣。

林區做股票生意從來不靠市場預測，不迷信技術分析，不做期貨期權交易，不做空頭買賣。他總說：「多辛苦一點，你將會得到豐厚的報償。」林區的調查研究不僅僅限於枯燥的報表數字，對於他來說，在逛街購物時也要隨處留心新事物，以期發現新的投資標的。

某次，他從朋友那裡聽到關於某玩具公司的討論，就決定到銷售這個玩具的商店看看。他詢問顧客是否喜歡這個玩具商店，幾乎所有人都說他們是回頭客。親身經歷而不是道聽塗說，最終使林區相信了這家公司，果敢地買進該公司股票。另一次，在買進拉昆塔公司的股票之前，他在這家公司辦的汽車旅館裡住了三夜。

林區看報紙時不但注意好消息，而且還特別關注壞消息。林區說他選購的許多股票經常是先從十二美元一股下跌到每股六元，然後再上升到三十美元，而對此投資者應該有思想準備。投資者如果對於某個企業特別瞭解，特別喜歡，在市場下跌時反而應該多投資一些。在沒有發現能吸引你的公司之前，乾脆把錢存入銀行，或者買一些國債。

林區認為，投資成功的關鍵是思想開闊，不懷偏見，盡可能多研究一些企業。他認為多數投資者的頭腦都不夠靈活，思想不夠開通，偏見太多，偏重某些行業，而忽視另一些行業。殊不知行行出狀元，每個行業都有傑出的公司。

林區的成功之處在於他是一個實踐家，而不是一個理論家，因此他不太在意對宏觀因素的分析，也不關注所謂的技術分析，而是強調基礎分析，強調對某一行業、某一公司做具體分析，從中尋找能漲十倍的聚財機會，這才是他成功的經驗。

他總是在不停地尋找投資的機會。當一家面臨破產的公司有新產品或者營業額比上年好，或者某項政策對企業有利，他也會去購買這家企業的股票。如果整體趨勢對這個行業有利，他不會像巴菲特那樣只買好的，而是買一批能從中受益的公司的股票，也許是幾家，也許會多達十幾家。他不一定要對一個公司進行全面深入的調查分析以後才會買它的股票，他關鍵是先要看好這個行業。林區也不限於某類股票或行業，成長股、資產股可以，金融業、製造業也行。他要的是一個好的投資組合，以分散那些非系統風險，在控制風險的前提下達到期限收益的最大化。因為，他認為如果投資集中於某種單一類型的股票，當這類股票價格大漲以後，投資者如果不賣掉，就會失去賺錢的機會。但如果去投資自己不太熟悉的行業，往往又容易出問題。因此，林區十分注意他的資產靈活性和多元化，主張以投資組合來分散投資風險。

林區經常改變他投資的方向，就像賽艇比賽一樣見風使舵。他自稱，如果購買的股票在三個月以後仍然有二五％值得保留，那就很滿意了。

林區投資的一千四百多家公司中，全美最大的一百家企業佔其投入資金的一半，其次的一百家企業佔一七％。他每天要賣掉五千萬美元的股票，又買進也許大賠錢也許大賺錢的五千萬美元股票。

當他發現手中持有的某些公司股票稍稍超過其應有的價值時，他就會立刻賣掉。市場上的某些股票稍稍低於其應有的價值時，他就會立刻購進。他總是在毫不猶豫地追求哪怕是很小的差價。

企業會發生變化，競爭局面會發生變化，工廠也可能出現問題，企業環境會變，國家政策也會改變。一旦情況改變，就要採取行動。即使企業本身沒有什麼變化，股價變了也會促使林區採取行動。如果林區買了一家公司的股票，希望升值卻沒有升，他會立即將它賣掉。

林區注重的是企業的根本業務，對宏觀經濟的預測、利率的變動不關心。他寧願投資一家不受人歡迎的業內經營有方的企業，也不投資一家熱門企業。**他認為：「越是熱門的行業，競爭越激烈，結果每個人都賺不到錢。」**

正是林區大膽而穩健的操作，使麥哲倫基金保持了極高的收益率。一九九〇年，功成名就的林區退休了。在他管理麥哲倫基金的十三年裡，年平均複利報酬率達二九％，投資收益率高達二十九倍。

不要企圖預測市場

——華倫・巴菲特——

巴菲特只相信自己對企業價值的判斷，而不去預測市場，也不相信別人對市場的預測。他在二〇〇二年投資中國石油時，所羅門、美邦等投資銀行正建議賣出中國石油，但他沒有相信，結果巴菲特成功了。

巴菲特堅持說，人們永遠不可能預測市場。他建議投資人應該用精力去研究和展望其投資的企業，而不應該去預測市場。他說：「我從來沒有見過能夠預測市場走勢的人。」

其實，早在一九六六年時，巴菲特就曾經說：「我從來不對股票市場走勢和經濟週期進行預測。如果你（他的合作者）認為宏觀經濟預測對於投資非常關鍵，或者你認為我必須能夠勝任這種預測工作，你根本就沒有必要參加我們的合夥公司。」

幾十年後的二〇〇一年，巴菲特對媒體說：「過去，我對預測市場的短期波動不擅長，當然現在我同樣也不擅長。事實上，我對未來六個月、一年、二年後股市的走勢一無所知。」

他說：「在投資中，我們把自己看成是公司分析師，而不是市場分析師，也不是宏觀經濟分析師，甚至也不是證券分析師。」他還說：「查理和我從來不關心股市的走勢，因為這毫無必要，也許這還會妨礙我們做出正確的選擇。」「最終，我們的經濟命運將取決於我們擁有的公司的經濟命運。」

眾多的投資人總是癡迷於對股市走勢的預測，著名經濟學家凱因斯說過：「不要試圖估計股市的走勢，應該集中精力瞭解你熟悉的企業。」現實中，在鋪天蓋地的股市評論中，股市名嘴經常在不瞭解被投資企業的情況下大談股價的走勢。對此，巴菲特建議投資人千萬不要相信股市名嘴，他說：「投資人期望經紀人會告訴自己在未來兩個月內如何透過股指期貨、期權、股票來賺錢，這完全是一種幻想。如果能夠實現，他們根本不會告訴投資人，自己早就賺得荷包鼓鼓的。」

葛拉漢說：股市上最大的敵人是你自己，如果在股市中無法控制自己的情緒，即使有再強的分析能力，也難獲勝。

股票市場上，可以說處處是敵人。只有在股市一路狂升，凡買股票者，人人賺錢，或是股市一路狂跌，凡買股票者，人人虧本，這時才會大家同坐一條船。不過，即使如此，市場仍然會有買家和賣家，買家和賣家是根本對立的。

但無論股票市場上有多少人對立，投資人最大的敵人仍然是自己。投資人往往都是因為過於貪婪，以致投機過度而遭損失。相反地，也有投資人過於保守而錯過了極多的投資機會。沒有人會強迫你買什麼股別，也不會有人強迫你一定是看好或是看淡。你是你自己的主人。但不少投資人買賣時，趨市走多，他偏偏要賣出，趨市走空，他偏偏要買入。所受的損失其實是自己造成的，與別人無關。

尤其是一些投資人，聽到一些小道消息說某某股票的行情好，就莽撞入市並大量買入。之後證明這些消息都是假的，損失不可避免，誰之過？當然是投資人自己的過錯，怪不得別人，只能怪自己輕信人言。有些投資人經過分析之後，認為後勢會有大升或大跌。如果他帶著自己的分析去買賣，之後可能真的賺大錢。但這位投資人若是不自信，可能使他錯失一次賺大錢的良機。投資失敗，我們應該怪誰？當然是自己，怪自己不自信，當斷不斷。與其分析和我們對立的投資人的心態，他們的資金流向、投資技巧和買賣原因，我們倒不如先分析一下自己。分析一下自己為什麼會遭受損失，為什麼會錯失機會，為什麼看錯，為什麼輕信小道消息，為什麼不肯止損，為什麼買入一些垃圾股票等無數的問題。要在股票市場擊倒你的對手，你一定要先學習如何戰勝自己。

捕捉時機

—彼得·林區—

價值投資者指望著市場的估值能力出現偏差，在市場出錯的時候買入，然後等著市場自己來承認錯誤，這就是所謂價值投資的定義，不精確但是很實用。這裡面存在一個有趣的悖論：只有市場發生神經錯亂的時候，他們才有買入機會；可是他們卻在買入後盼著市場糾正自己的錯誤，以便獲利賣出。從全局來看，如果市場　直都持續錯誤下去，或者是從來不出錯，應該怎麼辦？

能否提供一種有效的方式，讓大家能夠準確地指出，市場在什麼時候是錯誤的？在股價暴跌、年末作帳等幾種時期，股價出錯的可能性是不是最高？本益比低的股票是否就是好的投資對象？

林區認為，現代投資理論的那一套關於市場有效率、股價反映一切資訊的觀點是荒唐的。林區取得的非凡成就，在很大程度上得益於對葛拉漢投資方法的運用。

林區注重對公司隱蔽性資產的挖掘。他認為在金屬和石油業、報業、電視台、藥業等行業，甚至有時在虧損的公司中，都有隱蔽的資產。這些隱蔽性資產存在的形式多種多樣，可能是一筆現金，也可能是房地產或者是稅收優惠。一九七六年年末，沙石灘公司股本規模為一百七十萬股，每股為十四・五美元，整個公司的價值僅為二千五百萬美元。過了不到三年的時間（一九七九年五月），二十世紀福斯影片公司以七千二百萬美元買下了沙石灘公司，沙石灘公司的股價隨之漲到了每股四百二十五美元。二十世紀福克斯影片公司在買下沙石灘公司後的第二天，就把該公司的礫石場以三千萬美元的價格賣出。礫石場只是沙石灘公司諸項資產中的一項，換句話說，僅礫石場這項資產的價格就超出了一九七六年投資者買下整個公司所需的資金。所以，公司屬下的礫石場周圍的地產、德爾蒙特森林和蒙特雷半島的二千七百公頃土地上的樹木、一家旅館、兩個高爾夫球場等就成為免費送上門的財富。

資產與機會處處皆是，投資者盡可以從買賣擁有隱蔽性資產的公司股票上獲得巨大收益。可是為什麼許多投資者未能將資金投資於這類股票？林區解釋說，這些投資者不能做到這一點，是因為在他們與這些能漲十倍的股票之間存在極多的障礙。

按照現行的體制，只有當某種股票在股市上為多數大金融公司所認可，並且已經被華爾街知名的分析家（即對各行各業、各公司進行追蹤研究的人員）列入到購買推薦單裡以後，這種股票才對買賣股票的大多數人具有吸引力。眾人都等待著別人先邁第一步，經常會耽誤投資良機。當這些投資者都準備購買時，該股票已漲了很多，可能是五倍或者十倍。

林區把上述這種狀況稱為「華爾街滯後現象」。

林區最得意的投資——國際服務公司，就是一個比較典型的例子。國際服務公司是一九六九年上市的。在其後十年間，雖然該公司曾盡力想引起華爾街的注意，但是卻沒有一位股市分析人員對這家公司給予稍微的注意。直到一九八〇年，史密斯—巴奈投資公司才發現了它，並且對它進行研究預測。

在史密斯—巴奈公司的研究報告中指出，對喪葬服務業的服務需求決定於一個無可爭辯的事實：每個人都會死。根據美國人口普查局收集的資料顯示，死亡人數不斷上升，喪葬業很明顯屬於增長型行業。作為該行業最大的公司——國際服務公司，當時經營一八九家殯儀館，每家殯儀館的年均收入達五十五萬美元，為全國平均水準的三倍。此外，該公司還首創了預約喪葬服務，顧客可在喪葬服務提供之前預先付款，這些「超前需要」銷售有兩大好處：

一、他們能保證業務量的持續穩定以及未來收益的增長。

二、預付款會有利息，成為公司收益的主要來源。

在前十年中，國際服務公司的營業額及其股票的每股收益均按一五%以上的比率增長。史密斯－巴奈公司的報告還預測國際服務公司未來增長至少保持同等水準，特別是由於國際服務公司的管理層已經決定增加市場的佔有率。

確實，如果投資者在一九八三年以每股十二美元買進國際服務公司的股票，而在一九八七年以每股三十美元賣出，投資者可以使自己的錢增值一倍多，但假如投資者早在一九七八年就買進該公司的股票，他的錢會漲四十倍。但是華爾街卻在相當長的時期內忽視了國際服務公司。這主要是因為，按照華爾街的標準，殯儀服務業既不是耐用消費，也不是一般服務業，所以無法歸類到任何一個部門。完全依賴於華爾街知名分析家推薦股票，坐等現成的投資者失去了賺大錢的好機會。

把雞蛋放在一個籃子裡

—華倫·巴菲特—

巴菲特的核心投資策略是什麼？對他有所瞭解的人，大概第一反應就把這個問題和集中投資連結在一起了。確實，「巴菲特式」投資策略以一句話加以總結，那就是集中投資。集中投資是一種極為簡單的策略，是一種有別於活躍派的資產投資組合。雖然如此，它卻可以擊敗指數基金，為巴菲特帶來數百億的財富。

很多投資者都意識到了股票投資具有很大的風險性，所以他們極力分散投資風險。他們認為應該把雞蛋放在不同的籃子裡，這樣才安全。巴菲特卻有自己獨到的見解：他認為一個人的精力是有限的，應該把雞蛋放在一個籃子裡，然後小心地看護好。就股票而言，購買自己不熟悉的股票以分散風險的想法是不明智的，倒不如將全部資金集中在自己熟悉和瞭解的股票上，這樣就可以集中精力和時間照管好自己的資金，正如他所說：「我們的投資只集中在幾家傑出的公司上，我們是集中投資者。」

巴菲特的絕大多數資產都是從為數不多的幾支股票上獲得的，他反對分散投資，他認為：「分散投資是無知者的自我保護法，但對於那些明白自己在做什麼的人來說，分散投資是沒有什麼意義的。」「市場就像上帝，只幫助那些努力的人。」「但與上帝不同的是，市場不會寬恕那些不清楚自己在做什麼的人。」

儘管巴菲特的老師葛拉漢的投資策略要求投資組合必須由百種以上的股票構成，儘管巴菲特曾經採納了葛拉漢的觀點，但他後來發現，自己就像是擁有一座「動物園」，而不是股票的多樣化組合。巴菲特因此轉向了費雪和蒙格的理論，並且認為，他必須比葛拉漢更瞭解他投資的這些企業。

費雪認為，投資者為了避免將所有的雞蛋放在一個籃子裡，而把雞蛋分在很多不同的籃子裡，最後的結果是許多籃子裡裝的全是破碎的雞蛋，而且投資者也不可能照顧所有籃子的全部雞蛋。他認為，由於許多投資者太迷信多樣化投資理論，結果對自己投資的企業一無所知，或者知之甚少。

後來，巴菲特信奉集中資產組合的理論，他只持有幾個企業的股票，而這幾個企業他都有一定的瞭解，而且持有股票的時間也很長。巴菲特相信，他正是利用這樣一種認真負責的精神來考慮投資於什麼企業和以什麼價格投資這兩個問題，進而降低了投資風險。也就是說，這個投資策略使得他僅僅投資於一些價錢合適的優秀企業，這樣可以減少遭受損失的危險。

實際上，巴菲特還深受英國經濟學家凱因斯的影響。凱因斯在投資領域有許多傑出的見解。他曾經說過，他的大部分資產都投在幾種他可以算出投資價值的企業證券上。

巴菲特從經驗中發現，本質優良、經營得當的企業通常股票股價都較高。一旦見到價格低廉的績優股票，他會毫不猶豫地大量收購，而且他的收購行為完全不受經濟景氣及市場悲觀氣氛的影響。只要他相信這項投資是絕對具有吸引力的，他就會大膽購買。巴菲特的這種集中投資的策略，使他獲益甚豐。

關注股價的合理性

—彼得·林區—

人們買公開發行公司的股票，都是期望這些公司的盈餘能增長，而且這個盈餘能反映在股價上，可以賺取股價上揚的資本利得。

股價與企業的盈餘能力息息相關，這個簡單的問題常被忽視，甚至連老練的投資者也無法倖免。由於股價本身有漲跌的循環，專看股價報價系統的投資者，他們看股價的漲跌，就像賞鳥的人觀看同類鳥聚集的習性一樣，他們研究交易模式，畫出股價上下曲線走勢圖，試著去洞悉什麼時候應該買賣某些公司的股票。事實上，投資者不需要這麼大費周折，注意力應該是放在瞭解公司的基本面及獲利展望上。如果盈餘持續增長，股價註定將繼續上揚，它可能不會立刻上揚，但終究是上漲的趨勢；假如盈餘下降，股價下跌將是必然，盈餘衰退使該公司的投資價值下降。

在未來幾年內盈餘是否繼續增長，是選股時的重要參考指標。假設在過去某家股票的長期投資年平均獲利率是八%。這是因為，公司平均每年增加八%的盈餘，但是在一般狀況下，會再加上三%的股利配發。根據這個假設前提，當投資於績效好的公司時，投資勝算將很高，當然，這些公司有些會讓投資者獲利，有些卻不儘然，但平均來說，它們的盈餘每年將成長八%，加上發放三%的股利，所以你將得到年報酬一一%的獲利。

股價本身不能明白地指出你的投資是否正確。你可能聽某些人說：「我不投資IBM股票，因為一百美元一股股價太貴了。」其實他們可能付不起一百美元去投資一股IBM股票，但事實上，一股一百美元的成本，跟IBM股價是否太貴根本無關，就像一輛一百萬美元的藍寶堅尼跑車，對大部分的人來說太貴，但是對這輛名車本身來說不貴。同樣地，一百美元一股IBM股票可能太貴，也可能不貴，這完全取決於IBM公司的盈餘。

如果IBM今年每股盈餘是十美元，也就是你用十倍的盈餘——每股一百美元去購買IBM股票，其本益比即是十倍，這樣的本益比在今天的市場上是相對便宜的。從另一角度來說，如果每股盈餘只有一美元，你就付出比盈餘高出一百倍的價格去買IBM股票，此時，其本益比是一百倍，而一百美元一股的股價就太貴了。

如果你將一大堆公司的股價加總，再除他們的盈餘，你會得到一個平均的本益比。在華爾街，道瓊工業指數（Dow Jones Industrials）、標準普爾五〇〇指數（S&P 500）及其他類似指數，都有其平均本益比，而這就是本益比或者是現在市場的價值。

本益比是一個值得瞭解的有用的選股工具，因為這個資料顯示出，在一段時間內，投資者認為值得投資的企業盈餘。市場上下震盪起伏，其震盪幅度應該在十～二十倍之間，而美國股票市場的本益比在一九九五年是十六倍，這表示一般的股票不算便宜，但也沒有貴得離譜。

任何公司，不論是私人企業還是公營事業，可能屬於一個股東或者是上百萬股東共同擁有，其經營目的都是為了一個單純的原因——賺取利潤。利潤也就是收入減掉開銷後所剩餘的盈利金額，是屬於全體股東所有，不論是奇異公司（General Electric）、百事可樂（Pepsi）、漫威漫畫（Marvel Comics），或只是你利用週末在路邊幫人洗車，你不會不求報酬地拎著水桶、捏著滿是肥皂泡沫的海綿站在路邊，只是為了喜歡洗車，或在盛夏用水管沖車子圖個清涼，就算如此，也不代表你不希望有報酬。

同樣，投資者也不會只是希望參加股東會，或收到公司所寄的年報而擁有股票，他們去買股票，都是希望投資的公司能賺錢，並能因此分配到公司的盈利。

林區有些直覺很深刻。有一次，林區到一家名為Tandon的熱門軟體公司去，見到一位投資者關係辦公室的人員，他來公司的時間不長，卻持有公司股票和期權的市值達二千萬美元。一位普通工作人員因公司變得如此富有，讓林區頓生警覺。Tandon股價已經上漲了八倍，本益比極高，若再漲一倍，他的資產不是變成四千萬美元？林區果斷地拒絕了購買Tandon的建議，後來，Tandon公司股價從三十五美元跌到一美元多。

要認清一點，公司的盈利不一定能讓股東受惠。一般來說，一個公司的盈餘增長越快，就有越多的投資者願意付出比較高的成本去投資它。那就是為什麼看起來發展前景十足的新公司，本益比經常高達二十倍甚至更高的原因，投資者對這類公司經常抱持高獲利的預期，因此願意付較高的成本持有該公司股票；相反的，成熟公司一般本益比在十~十五倍左右，因為這些公司的盈餘成長較緩慢，而且他們一般不會做風險高、獲利高的投資。

有些公司的盈餘增長穩定，屬於增長型公司；有些公司的盈餘隨著景氣程度而起伏，屬景氣循環類，如汽車、鋼鐵、重工業。景氣循環類型公司的本益比比增長型公司要低，因為其營業狀況不穩定，第二年可以賺多少完全視景氣而定，但這卻是很難估計的。

不過，即使公司賺錢，也不代表股東一定能得實惠，公司通常會採用下列三種方式來處置這些錢：

■ 將這些錢用來再投資，比如開更多的店、興建新的工廠，使盈餘成長比以前更快。長期而言，這對所有的股東絕對有利。一個快速成長的公司可讓股東投資的每一塊錢有超額的獲利，這個投資將比把錢存在銀行裡的利潤要高出很多。

■公司也可把錢浪費在購買公司用私家飛機、為高級主管辦公室內的浴室鋪設大理石、增加高級主管的薪水或以高價併購另一家公司等，足以使公司經營費用增加一倍的若干事情上，這些不必要的花費都會對原來正確的投資造成傷害。

■公司也可用這筆錢在市場上買回自己的股票。公司從市場買回股票後，市場上流動的籌碼將減少，股價遂藉此推升上揚，尤其是，如果該公司是在股價較低時買進自家股票，對投資者來說更是好事。

放棄多元化手段

—華倫·巴菲特—

巴菲特投資時奉行的是「少而精」的投資原則，主張只投資於自己真正熟悉的幾家公司。他不主張投資組合的多元化。他認為投資多元化是投資者對投資對象不甚瞭解，不得已的一種應付性的保護措施。巴菲特的這種投資觀念來自於費雪，他很早就已經閱讀了費雪的著述。

費雪是著名的集中證券投資家，他說自己寧願投資於幾家非常瞭解的傑出公司，也不會投資於眾多他不瞭解的公司。因為分散投資於眾多的公司，雖然分散了風險，但是同時也分攤了利益。費雪認為：如果購買了太多的股票，我們根本沒有精力和時間去充分地認識和研究這些股票。投資人的風險在於：他們對比較熟悉的公司的投資顯得太少，而對陌生的公司投資的又太多了。依照費雪的理論，貿然買進一家未經透徹瞭解的公司，可能要比有限的投資組合承受更大的風險。

宏觀經濟學家凱因斯的理論對巴菲特也可謂是影響深遠，他也讚賞「少而精」的選股策略。凱因斯在一九三四年給朋友的信中指出：「隨著時間的流逝，我越來越相信正確的投資方法是將大筆的錢投入到一個自己認為瞭解以及完全信任的企業中。認為每個人可以透過將資金分散在大量他一無所知或毫無信心的企業就可以限制風險是完全錯誤的……一個人的知識與經驗絕對是有限的，因此在任何給定的時間裡，我很少能夠同時在市場上發現超過三家可深具信心的企業。」

不論是費雪還是凱因斯，他們都主張捨棄投資多元化的做法。巴菲特從他們兩個人身上汲取營養並且靈活運用，從進入投資界開始，他便一直堅持「少而精」的選股思想。巴菲特曾多次強調：「多元化投資就像諾亞方舟一般，每種動物帶二隻上船，結果最後變成一個動物園。這樣投資的風險雖然降低了，但收益率也同時降低了，這不是最佳的投資策略。」

運用雞尾酒會理論

—彼得·林區—

作為一代投資大師，林區經常應邀去發表演講，每次都聽者如潮。每次演講完畢，在自由提問的時間裡，總有人問林區股票的行情，或者目前的股票旺市能否繼續保持並進一步發展。針對這些問題，林區所總結出來的關於股市預測的「雞尾酒會理論」可謂深得人情事理之精妙。

「雞尾酒會理論」是林區在家裡舉辦雞尾酒會，天長日久，透過與來賓的交往閒談而悟出來的，這種理論實際上更應該稱作「經驗」，源自生活、通俗淺顯，卻很有效用。林區這樣形容他的「雞尾酒會理論」：

「某一股票市場一度看跌，同時又無預期其會看漲時，縱使股市略有上升，人們也不會談論股票問題，我們稱這個時期為第一階段。在這個階段，如果有人慢慢地走過來，問我從事何種職業，而我回答說『我從事共同基金的管理工作』，來人會客氣地點一下頭，然後扭頭離去。假如他沒有走。他會迅速地轉移話題，講體育活動，即將到來的大選，或者乾脆說天氣。過一會兒，他會轉到牙科醫生那裡，說說牙床充血什麼的。當有十個人都情願與牙醫聊聊牙齒保健，不想與管理共同基金的人談股票時，股市就可能漲。在第二階段，在我向搭訕者說明我的職業後，他可能會和我交談長一點，聊一點股票風險等話題。人們仍然不想談論股票，此間股市已經從第一階段上漲了一五％，但無人給予重視。到了第三階段，股市已經上漲了三〇％，這時多數的雞尾酒會參加者都不再理睬牙醫，整個晚會都圍著我轉。不斷有喜形於色的人拉我到一邊，向我詢問該買什麼股票，就連牙醫也會向我提出同類問題，參加酒會的人都在某種股票上投入了錢，他們都興致勃勃地議論股市上已經出現令人期待的情況。在第四階段，人們又圍在我身邊，這次是他們建議我應該買什麼股票，向我推薦三四種股票。隨後幾天，我在報紙上按圖搜索，發現他們推薦的股票都已經漲過了。當鄰居也建議我買什麼股票，而我也有意聽從時，正是股市已經達到峰頂、下跌就要來臨的準確信號。」

「雞尾酒會理論」不是放之四海而皆準的理論，林區也提醒人們對這種理論的態度應該是各取所需，切忌迷信盲從。

集中持有優秀公司的股票

——華倫・巴菲特——

巴菲特把投資股市的六百二十億美元集中在四十五支股票上，而他的投資戰略甚至比這個數字更激進。在他的投資組合中，十支股票佔了投資總量的九〇%。有股票分析師就對此這樣評價：「這符合巴菲特的投資理念。不要猶豫不定，為什麼不把錢投資到你最看好的對象上？」

巴菲特對投資者提出過這樣的忠告：「投資人切記一定要好好地把握好自己手中的股票，應該堅持長期持有的原則而不應該朝三暮四地今天看好這支股票，明天又看上了另一支股票，接著就是不停地買進和賣出，這種做法是很不理智的。」他認為：「只要投資者確信找到了自己最瞭解、風險最小、最優秀的公司，盡可以做大膽的決策。如果你是一位學有專長的投資者，能夠瞭解企業的經濟狀況，並能夠發現五～十家具有長期競爭優勢且股票價格合理的公司。傳統的分散投資對你來說就毫無意義，那樣做反而會損害你的投資成果，並且增加投資風險。」

增加投資成果、縮小投資風險的最好方法，就是優化投資組合。為了優化投資組合，波克夏公司第一個大量收購的是華盛頓郵報公司的股票。一九七三年，巴菲特在該公司投資了一千萬美元；到一九七七年，增加到三千萬美元。巴菲特認為，廣告、新聞、出版事業有利可圖，所以於一九八六年又大規模地投資大都會—美國廣播公司。

一九八七年，波克夏公司的持股總值超過二十億美元。令人驚奇的是，這二十億美元的天文數字股票僅出自於對三家公司的投資，即價值十億美元的大都會—美國廣播公司、七・五億美元的GEICO公司、三・二三億美元的華盛頓郵報公司。這實在是天下奇聞！世界上沒有第二個人像他這樣，把二十億美元的投資全部集中在三種股票上。

一九八八年，巴菲特又打了一場漂亮仗。他先是出色地收購一千四百萬美元股價的可口可樂股票。年底，他在可口可樂公司的投資高達五・九二億美元。次年，又增加了九百多萬股折股權，使得波克夏公司在可口可樂公司的投資超過了十億美元。這個果敢的行動給巴菲特帶來高額利潤。到一九八九年年底，波克夏公司在可口可樂公司的未實現收益高達七・八億美元。

巴菲特之所以能夠成功地管理波克夏公司的投資組合，主要是他能以不變應萬變。當大多數投資人都難抵誘惑，並且不斷在股市中搶進搶出時，巴菲特卻很理智地靜觀，以靜制動。當他在紐約工作的時候，總有人跑來跟他討論股市的行情、買哪家公司股票賺錢。每當這時，巴菲特都能保持一顆冷靜的頭腦，並且做出自己的正確判斷。他認為，投資人總是想買進更多的股票，卻不想耐心等一家真正值得投資的好公司，這種每天搶進搶出的策略不是聰明的方法。

巴菲特經常說，買進一家頂尖企業的股票然後持有，要比一天到晚在那些不怎麼樣的股票裡忙得暈頭轉向容易得多。巴菲特只對那些優良的股票感興趣，而對那些業績不佳、只依靠股市的漲跌來運作的公司嗤之以鼻。有許多投資人一天不買賣就渾身難受，而巴菲特卻可以一年都不去動手中的股票。他說：「近乎怠惰地按兵不動，正是我們一貫的投資風格。」

事實證明，巴菲特的成功主要是建立在幾次成功的大宗投資上。因此他告誡人們：為了避免風險而獲得更多的收益，優化投資組合是必需的。

在特定情況下賣出

—彼得・林區—

林區說：「我投資組合中最好的公司，往往是購股三、五年才利潤大增，而不是在三、五個星期之後。」

不斷地翻檢手中所持有的證券，不僅和林區鬚鯨般的投資方式有關，而且和企業不斷變化的經營環境有關。鬚鯨是一種海洋生物，牠不是採取有針對性的捕食方式，而是先不加選擇地、快速地吞食數以千百萬計的微小海洋生物，然後選擇很少的精華部分留下來，其餘的雜質全部排除出去。什麼時候賣股票，林區認為有兩種情況：一是公司業務從根本上惡化；二是股價上升過高，超過了盈利的增長。這時賣掉它以後再買另一種股票，可以獲得更高的收益率。

林區在感覺到投資良機時，也像鬚鯨一樣，先買一大批股票，然後經過仔細研究，最終選擇一小部分優異的股票留下來，繼續持有，其餘的全部賣出。但即使這些留下來的股票，也會由於公司經營情況的改變而使該公司的股價發生變化，如該公司所處的行業競爭加劇，面臨新產品的挑戰，公司本身的管理出現問題，都會引起該公司股價的下跌。一旦情況有變，就要採取行動。即使企業本身沒有什麼變化，股價的驟然反常變動也會促使林區採取行動。

從價格反常的情況中尋求獲利是許多投資者的共識。在證券投資單上，不論是上市公司，還是非上市公司，任何時候都有一些股票因為價格到達某一高位而應該出售，一些股票因為價格跌至某一低位而適於購進。投資者透過對這些股票的買進，賣出，再買進，再賣出，周而復始，不斷地從中獲取收益，累積財富。但是，林區與大多數投資者最大的不同在於，大多數的投資者最多同時經營一二十種股票，而林區卻好似市場的創造者，他同時經營一千四百多種證券，並且經常翻新。

如A公司股票每股二十美元，B公司股票每股三十美元，他會先以二十美元的價位買入A公司股票，當A公司股票上漲到每股三十美元時，把A公司股票賣掉。也許那時B公司股票已下跌至每股二十美元，然後他再購買每股二十美元的B公司股票。幾股小利潤匯集在一起會構成一筆巨大的收益。林區是一個相對價值論者，而不是最大價值論者，他喜歡積少成多，他從不拒絕追求哪怕是很少的利潤。同時，林區喜歡每天做一些小決定，而不是每年做幾個大決定。他覺得每天做一些小決定發生的錯誤損失，要比一下子做幾個大決定發生的錯誤損失少得多。換句話說，一年做出幾百個決定，這樣即使你錯了也不會太離譜。根據平均利潤法則，只要你比普通的投資者優秀，你肯定能準確無誤地前進。林區同時也指出：「當然，錯了的時候，你必須知道，然後賣出去。」

投資組合保險，自欺欺人

—華倫·巴菲特—

在二十世紀八〇年代，很多投資者都沉迷於一個名為「投資組合保險」的投資策略。這個投資策略是將投資組合的專案，永遠在高風險資產和低風險資產之間保持平衡，以確保收益不會低於某一個預定的最低標準。當投資者所持有的投資組合價值減少的時候，就是因為把資金從高風險的資產（股票）轉移到低風險的資產（債券或現金）。相反地，在所持有的投資組合價值上漲的時候，是因為將資金從風險較低的資產轉移到較高風險的資產。因為要在個別有價證券間轉移數以百萬計的大量資金不容易，所以投資者轉而以股票指數期貨作為保障他們投資有價證券的方法。

巴菲特對這種分散風險的做法非常反感。他認為，你不知道自己在做什麼的時候，那才是風險。

對於一個理性的投資人而言，選擇那些優秀的公司，捨棄那些不良的公司幾乎就是一件順理成章的事情。

巴菲特擔心，沒有經驗的投資者會在購買期貨時，存有大撈一筆的想法。他表示，由於購買期貨所需的保證金不高，經常會引來一些賭徒般的投資者，希望能在短期內獲取暴利。這種搶短線的心理，正是低價股票、賭場賭博以及彩券促銷者一直能夠生存的原因。為了避免大家被「投資組合保險」的謬誤誤導，巴菲特要求投資者試著去瞭解一個思考模式：一個農場主在買進農場之後，因為發現附近農田的價格下跌，於是又賣掉土地。這就如同一個投資者僅僅因為最近的一個成交價下跌而出售他的股票，或因上一個成交價上揚而買進股票。試想，即使購下了整個股市裡的所有公司股票，也不能夠逃出「股災」的衝擊，難道買下幾百種股票，就能做得到嗎？

現實中很多投資者為了規避風險，都採取購買多種股票的做法，以為這樣才「保險」。在巴菲特看來，這種做法是極不明智的，他以他的成功經驗告誡我們不要試圖盲目分散風險。

好股未必貴

—彼得·林區—

林區說：「幾乎所有連鎖店、速食店、主要製造商或具有知名產品的上市公司，你都可以成為他們的股東，而且所費不多。」

在社會中經常有很多人在說，炒股炒成股東是一種悲哀。可是當拿到便宜的好股票時的那種心情是無法用言語描述的。比如說，當拿了旅遊類上市公司的股票，而旅遊一直旺盛，或者是拿了家電類上市公司的股票，該公司產品的銷售一直居於市場的領先地位時，我們心裡會想：「又有這麼多的利潤可以進行分配了。」這是一種投資的心態，而這種心態的根源在於當人們遇到了便宜的好股票時樂意投資買入並且持有它，成為它的股東。

投資已經逐漸成為我們生活的一環，而且是很重要的一環。在資本市場看好，上市公司愈加規範的今天，透過成為上市公司股東的方式，無論是大股東或小股東，都是享受國民經濟快速發展和上市公司業績增長的最好的方法。這對於上市公司來說也是有益的。正如林區表述的一樣：「當一家公司發行股票後，它用投資者的錢來增設商店、蓋新工廠，或改良產品，使他們能賣更多的產品給更多的顧客以賺取利潤。當這家公司越來越茁壯興盛，它的股票也就變得更有價值，投資者會因此得到不錯的回報。」

在林區的眼裡，透過投資上市公司的股票可以獲得更大的收益，關鍵是處理好前期選擇股票的問題。因為很多股票是投資者買得起的，但是如果最初把這些錢投到產品上去的時候，現在依然是那些產品，這還不考慮跌價的影響。綜合來看，如果投資者拿著這些錢去買了這些公司的股票而沒有買它們的產品，並且成為其股東，現在至少是可以多買幾件產品了，這當然也包括產品降價的問題，最直觀的現象是透過投資，使個人投資者加了。

也許有些人現在會想到，如果我不買，怎麼支持上市公司的業績？都投資了，誰去買產品？這不是問題，也許是因為列舉的例子有些特殊。有時候，消費的延遲不代表不購買公司的產品。

其實，投資後獲得收益的增長不是可以購買更多的產品嗎？同時，這裡的投資不代表不消費，消費者的延遲消費可以帶來更多更好的消費感受。更何況，延遲消費與浪費和炫耀相比，前者就更加具有吸引力了。這也提醒我們一點，一些不必要的消費經常會造成無端的浪費乃至損失，更進一步，因為錯失了投資機會，這種損失將會被放大。

作為整個社會循環發展的基礎環節，投資者可以是國家、企業或者個人。當投資顯得不是那麼昂貴和高深的時候，個人投資者參與市場也會為自身帶來投資的樂趣，當對一家公司非常熟悉的時候，再經過審慎的選擇和耐心地等待恰當的時機，累積更多的錢去購買它的股票往往會帶來讓人驚喜的回報。一些本質很好的公司股票價格不一定就貴得讓投資者買不起，很多時候反而非常便宜，投資者也沒有必要認為那些價格高高在上的股票就是好股票。

集中投資優秀公司

——華倫・巴菲特——

巴菲特對投資人提出這樣的忠告：「如果你對投資略知一二，並能去瞭解企業的經營狀況，選五～十家價格合理且具長期競爭優勢的公司。傳統意義上的多元化投資對你就毫無意義了。」巴菲特與其他投資者唯一的不同之處，在於他能從成千上萬家公司中找到幾個優秀的，並且獲得高於一般水準的投資回報率的企業。

投資領域充滿了變數。如何從那些令人眼花撩亂的數字與資訊中找到真正能給你帶來收益的股票，是所有投資者最為關心的問題。雖然巴菲特一再聲稱自己的投資毫無秘密可言，但人們只會將他的說法當成是自謙之詞。事實上，巴菲特的投資策略的確沒有什麼秘密可言。

巴菲特認為，每支股票的背後，都有其代表的企業、管理者、產品與市場，所以投資者不能在毫不瞭解企業的情況下就匆忙做出決定。這樣做的結果極其危險。因此，他說：「在對某個股票做出評估前，一定要首先瞭解這家企業。」

巴菲特說：「投資者應該對企業的過去、現狀及未來的發展具有全面的瞭解，只有這樣，才能盡可能減少犯錯誤的機會。如果你準備買入ＩＢＭ的股票，你至少應該知道這家企業剛開始是生產電腦打孔卡片的，然後是磁帶，接下來進入了電腦領域。雖然它在大型電腦方面一直處於領先的地位，可在個人電腦方面也一度被對手超過……唯有瞭解企業的歷史，才有助於你對企業的未來發展做出更為客觀的評價。」

「對於專業財務人員做出的報告，普通投資者往往心存畏懼，面對各種龐雜的資訊，他們不知該從何下手。不管這些報告寫得多麼複雜，你需要特別注意的一點就是企業的利潤必須是現金利潤，這一點是很容易做到的。」

此外，巴菲特認為：企業的經營者必須是精明的團隊，唯有如此才能達到管理的目的。而且，企業需要透過制度來保證其安全有效地運轉。事實上，如果一個企業由天才來經營是非常危險的。任何一個經營者都應該、而且必須想到自己下台幾年後企業的發展，而那些僅憑意氣行事的天才不太可能會這樣做。

與此類似的是，企業所有者的意圖是靠企業管理者的經營活動來貫徹的。如果企業經營者違背了股東的意願，人們很快就會覺察出來。如果這種情況發生，對於投資者來說，最好的選擇就是遠離它。巴菲特認為，作為一個經營者，應該把股東看作是合作者，而不是對手。

巴菲特不喜歡那些看上去只賺不賠的大企業或是似乎很有發展前景的企業，雖然人們普遍認為那些大企業具有巨大的收益增長能力。但是在巴菲特看來：「只有在對企業的盈利能力非常確知的情況下，我才會行動。」

巴菲特很清楚一個事實：企業只要存貨少，資產周轉率就高。企業必須擁有少量的強制性的資本投資，雖然有不少高成長的企業在其發展過程中需要投入大量的資本，但是這對廣大的股東來說並非好事，因為高回報是由資產的高速周轉而得來的。巴菲特眼中最好的企業，其成長性一定是鶴立雞群的，而且只需少量的資本投入，這種企業往往有更大的發展空間。

對投資者來說，所尋找的不光是一支能賺錢的股票，同時也是一家真正能讓你放心、具有潛質的企業。只要抓住了這些基本要件，你就可以像巴菲特那樣「將手插在口袋裡，過著一種非常簡單的生活」。

多做準備功課

—彼得·林區—

正如林區在《戰勝華爾街》中說過的一樣，投資不是一門精確的科學，無論多麼用功，不論對公司的瞭解程度到了多深，投資的未來仍然具有不確定性。明天的投資結果如何，今天只能給出一個猜測的結果。針對這個問題，個人投資者現在要做的就是不要盲目地猜測，而是要有把握地猜測。為了避免更大的風險，首先，注意的就是不要以太高的價格買入；其次，更多的是事先和事中分析相關壞消息或好消息可能給公司造成的影響；再其次，每次投資的進出需要有一個規劃和步驟；最後，要有一個充分的研究過程。只有這樣才能在投資過程中降低我們個人投資在風險控制方面的不足。

在投資的過程中，如何發揮好自身靈活自由的優點是取得成功的必要條件。個人投資者，無論是新投資人還是老投資人，都應該客觀地認識到這個距離，在投資時應該從實際情況出發，結合林區的投資思想，在投資股票前一定要問問自己買這個股票的理由和自己對這個上市公司的熟悉程度，最起碼要知道以下幾個問題：

- 年盈餘成長率、盈利預測、產品和服務、市場等，能不能經常看到？
- 值錢的東西，可以估計出來嗎？
- 現在股價高嗎？如果不高，已經漲跌多少了？
- 自己喜歡這個上市公司嗎？

回答了這些問題後再去判斷買或不買，不要片面聽信電視裡股市分析師的話，應該多關注正規管道的資訊和公司公告。

林區在他的書中，為入門投資者提出自己的建議。剛入門的投資者在買入股票的時候可能有不同的標準，比如飛鏢選股、聽別人的小道消息、經紀人的推薦、專家意見以及自己研究。以他的觀點，是支持最後一種觀點，儘管這是需要累積的一個過程，但投資者即使是在沒有老師的情況下，也可以透過自我訓練和模擬投資來達到投資的更高境界，這也是個人靈活性和自由度的一個表現。

抓到好牌下大注

—華倫·巴菲特—

由於集中投資的股票數目很少，所以在應用中最關鍵的環節是機率估計及集中投資比例決策。一旦判斷失誤，很容易造成巨大的虧損。巴菲特充分認識到這一點，他堅持投資成功的前提是尋找到了機率估計的確定性。

「我把確定性看得非常重……只要找到確定性，那些關於風險因素的所有考慮就無關大局了。你之所以會冒重大風險，是因為你沒有考慮好確定性。但以估其價值的一部分的價格來買入證券並非冒風險。」

「未來永遠是不確定的。在大家普遍看好時，你只能花高價從市場買入股票。所以，不確定性實際上反而是長期價值者的朋友。」

「巨大的投資機會來自優秀的公司被不尋常的環境所困，這時會導致這些公司的股票被市場低估。」

簡單地說，你具有很高的盈利機率，而且別人不敢和你在相同的方向下注，這時你下大賭注才可以贏大錢。查理・蒙格具體地把集中投資比喻為「當成功機率最高時下大賭注」。他說：「人類沒有被賦予隨時隨地感知一切、瞭解一切的天賦。但是人類如果努力去瞭解，努力去感知，透過篩選眾多的機會，就一定能找到一個不錯的機會，而且聰明的人會在世界提供給他這個機會時下大賭注。當成功機率很高時，他們會下大賭注，而其餘的時間他們按兵不動，事情就這麼簡單。」關於集中投資時的機率計算，巴菲特採用的方法是用虧損的機率乘以可能虧損的數量，再用盈利機率乘以可以盈利的數量，最後用後者減去前者。

巴菲特說：「對於每一筆投資，你都應該有勇氣和信心將你淨資產的一〇%以上投入。」他所說的理想投資組合應該不超過十種股，因為每種個股的投資都在一〇%，但是集中投資不是把自己的資本平攤在十家好股上這麼簡單。儘管在集中投資中所有的股都是高機率事件股，但總有些股不可避免地高於其他股，這就需要「當牌局形勢對我們絕對有利時，下大賭注」。蒙格解釋這句話為：「從玩撲克牌中你就知道，當握有一手對你非常有利的牌時，你必須下大賭注。」

巴菲特在一九六三年購買美國運通股時，他已經運用這個法則。在二十世紀五〇年代到六〇年代，巴菲特作為合夥人服務於一家位於內布拉斯加州奧馬哈的有限投資合夥公司。這個合夥企業使他可以在獲利機會上升時，將股資的大部分投入進去。到一九六三年這個機會來了。由於提諾·德·安吉利牌沙拉油醜聞，人們認為美國運通公司對偽造倉儲發票應負有責任，公司的股價從六十五美元直落到三十五美元。當時，巴菲特卻藉機將自己公司資產的四〇％共計一千三百萬美元投在了這支股票上，佔當時運通股的五％。在其後的兩年裡，運通股票漲了三倍，巴菲特所在的合夥公司賺取了二千萬美元的利潤。

所謂藝高人膽大，巴菲特敢於下大賭注，絕對不是頭腦昏暈莽撞行事。巴菲特曾經說：「慎重總是有好處的，因為沒有誰能一下子就看清楚股市的真正走向。五分鐘前還大幅上揚的股票，五分鐘後也有可能會立即狂跌，你根本無法準確地判斷出這個變化的轉捩點。所以，在進行任何大規模投資之前，必須先試探一下，心裡有底後再逐漸加大投資。」從這句話中我們可以看出，他是一個頭腦清醒的、理性的投資家。他是對行情走勢「心中有數」後，才下大賭注的。

對於自己的每一次動作，巴菲特都是心中有數。但是，許多投資者往往在不瞭解股票的情況下，聽信一些所謂的內幕消息，認為可以人賺一筆的機會到了，於是把資本當做賭注壓到股票上，這種盲目的冒險往往帶來不良的後果——錢沒賺到本卻沒了。所以，在學習巴菲特「下大賭注」的投資策略時，我們先來聽聽他的看法：「每個投資者都應該具備如何經營企業的知識，同時也要讀得懂企業的財務會計報表，此外還需要某種對投資這個遊戲的癡迷以及適當的品格特徵。這些東西比起智商更為重要，因為他們會增進你獨立思考的能力，使你能清醒地面對在投資市場上常見的那種會傳染的歇斯底里。」

靈活運用投資工具

—彼得・林區—

無論哪個國家的股市，在幼稚期的發展階段，對於投資策略的選擇一般是時機決策勝於工具品種決策。一旦進入成熟期，工具品種決策就比時機決策更重要！

五種類別投資工具

■ **儲蓄**。包括活期存款、貨幣基金、國庫券，以及定期存單等。這些都屬於短期投資工具，優點是非常安全，缺點是回報率非常低，有時候所拿到的利息不足以彌補通貨膨脹所帶來的損失。

■ **投資收藏品**。比如古董、郵票、舊幣、書畫。收藏是一門非常專精的學問，一般人難以做好。此外，收藏最怕天災人禍，比如失竊、火災。對於有心收藏的人來說，務必要明白的一點：買一輛新車絕對不是投資。

■ **投資不動產**。房屋是最佳的投資工具。相對其他投資工具來說，有兩大優點無人能及：一是你自己可以住在裡面；二是房子在你進住的同時還能增值，不管你是不是借錢買來的。

■ **購買債券**。事實上，債券就是借條。基本上，債券和國庫券、定期存單差不多。

■ **購買股票**。股票是除了房屋之外，所有投資工具中的最佳選擇。因此，在你決定進行股票投資之前，應該先購買一套房屋；其次，當你決定選擇股票而不是債券投資，你就踏出了成功的第一步。當然，這是指你是一個長期投資者，並且跟定了股票。

根據林區的統計，在這五種投資工具中，長期而言，股票的報酬率是最有利的。這裡所說的長期投資，是指二十年以上的投資年限，也就是說你的錢可以在股市上放置二十年而不著急他用。因此，林區建議：「如果你的錢在未來一年、三年或者五年內可能抽出作他用，你一開始就不應該投資股票。因為沒有人能預測股市未來幾年內的走勢，如果你剛好碰上股市的回檔整理或者熊市，你的股票投資很可能是賠錢的。」

林區說：「雖然專家們反覆強調要從長遠考慮，但是每一次市場波動時，投資者所看到的千篇一律的評論，使得他們不得不把注意力集中到短線操作上。如果投資者能不理會針對最近股市波動所作的陳腐評論，而是像查看汽車裡的汽油那樣，每隔一段時間查看一次股票的價格，他們可能會更輕鬆地做出決定。公司收益遲早會影響到證券投資的成敗，而今天、明天或者未來一週的股價波動只會分散投資者的注意力。」

這些話都是成功投資的真諦，卻總是被人眾投資者忽略或者輕視。

在美國股市，一支股票上漲一百倍（微軟），甚至四百八十倍（思科公司），都是有可能的。因此，只要你抓住其中的一支，你獲得的收益就足以抵消那些在績效差的股票上所遭受的損失。林區雖然錯過了這些上百倍漲幅的股票（因為他不瞭解網路和電腦），但是在他掌管麥哲倫基金的十三年裡，他抓住了一些上漲十倍、二十倍的股票，他在這些股票上獲得的收益遠遠高於在其他股票上失誤造成的損失，因此他最終成功了。

如何辨認出漲幅很大的股票？

■**必須會辨別股票質地的好壞，也就是選股的功夫**。因為股票具有跌幅有限（跌到零為極限）而漲幅無限（相對而言）的特點，所以林區說：「在資產組合中如果有六〇％的個股能夠賺錢，就是一個令人非常滿意的資產組合了。」

■**必須是長期投資**。股價不可能是直線上漲，如果你熬不住中途的顛簸而出局，可能就會出現「差之毫釐，謬以千里」的結果，如林區所言：「即使你賣出了股票避開了股市下跌的行情，你也不一定能在下一輪的股市上漲行情中及時入市。」即使再入市，也不一定買的回你曾經賣出的股票。

在對股市的長期趨勢判斷上，林區是一個不折不扣的「死多頭」。他做股票不靠市場預測，不迷信技術分析，不做期貨期權交易，不做空頭買賣。和巴菲特一樣，他奉行的是價值投資哲學，「要投資於企業，而不要投機於股市」。

林區認為，「股市的基本走勢一直是在往上漲。」美國股市的歷史告訴我們，市場的回檔（下降一〇％或者更多）每隔幾年就會發生一次，熊市行情（下降二〇％或者更多）每隔六年就會出現一次，市場崩潰的行情（下降三〇％或者更多）從一九二九～一九三二年的大崩潰之後出現過五次。但是自從第二次世界大戰以來，公司利潤已經上漲了五十五倍，同時整個股市的市值也上漲了六十倍。其間發生過四次戰爭、九次經濟衰退、換了八位總統，並且有一位總統遭到彈劾，但這一切都未能改變股市不斷上漲這個事實。

「股市的基本走勢，一直是在往上漲。」這才是股市的趨勢。每當悲觀失望、信念動搖的時候，看看以上的話，或許會對自己有所幫助。

此外，這就是為什麼世界上多數一流的投資大師們都拒絕做空的根本原因：做空意味著在和趨勢作對。

「在二十世紀七〇年代早期，那時也是當小公司的股價徘徊不前時，大公司的股價卻在持續上揚。然而，在一九七三～一九七四年的熊市時期，五十家一流公司的股價竟下跌了五〇%～八〇%。但是，如果你擁有這五十家公司的股票並且二十五年來大多數股票你都沒有賣掉（最好是你處在一個杳無人煙的荒島上，永遠沒有收音機、電視機或者雜誌之類的媒體告訴你應該賣掉這些股票），到了二十世紀九〇年代中期，這五十家一流公司的資產增長速度超過了一九七四年以來道瓊指數和標準普爾五〇〇指數上漲的速度。即使是以一九七二年最高價位買的這五十家公司的股票，你仍然會大賺一筆。」

遠離幾類企業

—華倫・巴菲特—

巴菲特的投資策略以一句話加以總結，那就是集中投資戰略。他認為自己的投資方略沒有什麼神秘的地方，但是要真正成為一個成功的集中投資者，就需下一番功夫來好好學習。

大多數投資者喜歡探聽各種小道消息和內幕，但卻沒有耐心去讀一下那些透過正規管道發布的企業的年度報告。

巴菲特的經驗告訴人們，不要花大把的時間與別人談論市場走勢，而要多花點時間閱讀一下你擁有的公司發布的最新資料。

巴菲特忠告那些對集中投資有興趣的投資者：認真細緻地研究企業，因為擁有一家企業的股票，就意味著你要精通這家企業和它所在的行業；將股票看成是企業所有權的一部分，而且要一直堅持這個觀點，否則你千萬不要進入股市；切記永遠不要舉債來進行集中投資，債務所帶來的壓力會使你缺乏經受市場考驗的承受力，一旦債權人突然要求提前還款，將給你帶來巨大的損失；不要試圖在短期操作中運用集中投資，你至少應該在某支股票上花五年或者是更長的時間。

在實行集中投資戰略時，要注重投資的安全性，所以在投資時必須注意規避一些不宜投資的企業。透過對巴菲特投資經歷的研究，可以總結出他進行集中投資時，避免投資的企業：

- 無穩定現金分配的公司。穩定的現金分配說明公司能穩定經營，並且業績真實。造假的公司只能造出帳面利潤而不能造出現金，所以他們只能配股而不能以現金分配股利。
- 不誠信的公司，其中包括大股東掏空上市公司、虛假陳述、隱瞞應該披露的資訊、內幕交易、提供虛假會計資訊。
- 五年內業績有大幅波動的公司。公司業績大幅波動說明公司經營不穩定，風險較高。要考察公司的穩定性，五年時間是必需的。
- 整體行業不景氣的公司。整個行業不景氣，上市公司的經營和業績就會受到影響。
- 母公司經營不善的集團公司。如果集團公司經營不善，上市公司的經營能力也會受到很大的影響，而且掏空上市公司的危險性也會上升。
- 沒有主要業務，或者主業不突出，號稱多元化經營的公司。
- 業績平平或比較差的，不斷被公眾和媒體質疑的，並且累計漲幅巨大的公司。

■ 企業規模過小的上市公司。小規模的上市公司很難產生規模效應，並且經營成本高、抗風險能力弱。

投資與投機結合

——彼得·林區——

在資本市場上，最難區分的概念恐怕非投資和投機莫屬了。投資和投機的界限已經變得越來越模糊。人們似乎已不太看重投資與投機的區別，在許多情況下，投資和投機兩個概念經常是互相換用。林區在投資與投機之間也有獨特的理解。林區是與巴菲特、索羅斯齊名的世界級投資大師，他對投資基金的貢獻就像喬丹對籃球的貢獻，他把基金管理提升到一個新的境界，將選股昇華成一門藝術。林區認為，股市的下跌對投資者來說是最佳投資機會的開始。

如何面對股市的下跌行情？

■ 不要因為恐慌而全部低價拋出（在股市崩潰或股價出現暴跌行情中大量「拋售」會讓投資者置身於另一種危險——軋空，即在股市飛漲的時候手中沒有股票）。

■ 對持有的好公司股票要有堅守的勇氣。

■要敢於趁低買入好公司的股票。

針對股市上一些流行的說法，林區抱持批評態度，他認為這些說法雖然符合大眾心理，但卻是最愚蠢、最危險的說法。

大眾心理

■「既然股價已經跌了那麼多，不可能再往下跌了。」

林區：股價的底線是零，零以上都存在下跌的可能。

■「黎明之前總是最黑暗的。」

林區：大自然是如此，股市並非如此，最黑暗的時候不意味著黎明即將來臨；同樣，你也不能信奉「冬天來了，春天還會遠嗎」。

■「等它回升到十美元時就拋出。」

林區：股票操作貴在根據情況伺機而變，守株待兔式的刻板操作絕非制勝之道，許多人正是在自己劃定的框框裡失敗的。這幾點可以稱得上是投資經典智慧，投資者一定要深刻理解其中的道理，更重要的是要在實戰操作中予以貫徹執行，用大師的智慧武裝自己。

深入瞭解企業情況

—華倫·巴菲特—

巴菲特認為，企業應該有正直和誠實的經營者。其行為必須符合受託人的身份，這是非常重要的。巴菲特相信，如果想明白經營者的意圖，唯一的方法，就是觀察他們如何與股東溝通。所有的企業，不管是好是壞，都會經過一段不可避免的困難時期。一般而言，當企業營運狀況不錯的時候，經營者會暢所欲言；但是當企業走下坡時，他們會開誠布公地談論公司的困難或是沉默不語嗎？巴菲特的結論是：經營者對企業困境的反應，可以看出他的經營態度。

巴菲特認為，要使一個企業成功，經營者必須與全體員工發展良好的工作關係。他的觀點是，員工應該從內心認為他們的公司是最好的工作地方。提拔員工時，應該讓他們覺得升遷是基於個人的能力而非偏愛。巴菲特檢視公司的特點，經營層面的特質，以及與其他同業公司比較的結果。在這個探索中，巴菲特試圖循著某種線索，以引導他瞭解一家公司與其他競爭者相對的優越性。巴菲特宣稱，僅僅閱讀一家公司的財務報告，不足以判斷是否應對該公司進行投資。審慎投資的基本步驟，是盡可能地從熟悉該公司的人那裡，獲取第一手資訊。巴菲特會嘗試詢問所有可問的問題，他稱這個隨機的詢問為「閒言碎語」。如今，我們可以稱它為企業的「葡萄藤」網路。巴菲特認為，「閒言碎語」可以提供線索給投資人，有利於他們找出絕佳的投資。

巴菲特去拜訪企業的顧客和企業本身，尋找曾經為該公司工作的員工和顧問。巴菲特與大學裡的科學研究者、政府員工和商業機構的主管會面，他也訪談競爭業者。雖然主管們有時候可能不會透露太多，但是巴菲特表示，他們從不缺乏對競爭對手的批評。產業裡的每個公司的真實狀況，或多或少可以從與公司有往來的人士中得到。

大多數的投資人不會像巴菲特那樣，花費大量的時間與精力去瞭解某家公司。發展「葡萄藤」狀的網路，並且安排面談是需要時間的；為每一家公司重複建立「葡萄藤」狀的網路，更是一件費力的工作。所以，巴菲特以減少手上持有的公司的數量，來減輕自己的工作量。依照巴菲特的觀點，他寧願只擁有少數幾家優秀的公司，也不要好幾家平庸無奇的公司。一般而言，他的投資組合少於十家公司，而且經常是三～四個公司即佔去他投資組合中的七五％。

堅持自己的買賣標準

—彼得·林區—

大牛盛市更需理性投資，真正成功投資者都是堅持獨立的買賣標準，不被所謂熱門所惑。巴菲特是這樣，林區亦如此。

林區在選擇投資行業的時候，總喜歡低迷行業而不是熱門行業，原因在於低迷行業成長緩慢，經營不善的弱者一個接一個被淘汰出局，倖存者的市場佔有率就會隨之逐步擴大。一個公司能夠在一個陷入停滯的市場上不斷爭取到更大的市場佔有率，遠遠勝過另一個公司在一個增長迅速的市場中費盡氣力才能保住日漸萎縮的市場佔有率。

由於低迷的行業環境使得倖存下來的公司具備頑強的生命力，而且由於市場佔有率的擴大而具備了一定的壟斷性。這樣的公司同樣也符合巴菲特的核心競爭力和成長性原理。

林區對於這些低迷行業中的優秀公司總結了幾個共同特徵：

- 公司以低成本著稱。
- 管理層節約得像一個吝嗇鬼。
- 公司儘量避免借債。
- 拒絕將公司內部劃分成白領和藍領的等級制度。
- 公司員工待遇相當不錯，持有公司股份，能夠分享公司成長創造的財富。

他們從大公司忽略的市場中找到利基市場，形成獨佔性的壟斷優勢，因此這些企業雖然處在低迷的行業中，卻能快速增長，增長速度比許多熱門的快速增長行業中的公司還要快。

如果不熟悉，就不要投資

——華倫·巴菲特——

巴菲特投資成功的一個重要因素是：他從不買自己不熟悉的股票。如果他不太瞭解某公司的財務狀況、經營狀況、管理人員的基本情況，即使是被人描述得天花亂墜，巴菲特也從不感興趣，更不會去涉足。巴菲特的忠告是：「投資必須堅持理性的原則，如果你不瞭解它，就不要行動。」他認為，一個人的精力是比較有限的，股市上的股票家數則數以千計，不同的企業從事著完全不相干的業務，我們不可能對這些業務都熟悉和瞭解。不如將我們有限的精力集中在我們熟悉的領域內，然後盡可能多地瞭解這些企業的情況，這有利於我們的投資決策。

巴菲特對具有潛質的優秀公司非常青睞，一旦他以合理的價格買到了他認為具有持久競爭優勢、能夠為他帶來豐厚回報的公司，就不會隨便賣掉它們。他購買的公司都是自己非常熟悉的公司，不瞭解、不熟悉、不能一目瞭然的公司，從不輕易去購買。巴菲特長期持有的八家著名公司的股票分別是可口可樂、吉列、美國運通、富國銀行、聯邦住宅貸款抵押公司、迪士尼、麥當勞、華盛頓郵報。從中你會發現每家都是家喻戶曉的全球著名企業，而且持有時間很長，多數都在五年以上。可口可樂是全球最大的飲料公司，幾乎在全世界的每個角落都出售可口可樂，每個運動場的小攤上、加油站的櫃檯上、電影院、超級市場、飯店旅館、酒吧賓館等各式各樣、大大小小的櫃檯上都可以見到可口可樂的影子。吉列是全球便利刮鬍刀市場上最具影響力的產品，世界上所有長鬍鬚的男人以及他們身邊的女人都會知道吉列刮鬍刀，儘管全世界生產刮鬍刀的企業數以萬計，但全世界將近六〇%使用刮鬍刀的男人都會選擇吉列這個品牌。因此，巴菲特投鉅資於吉列公司，並且持有該公司的股票至今，他說：「每當我在入睡之前，想起明天會有二十五億位男士必須刮鬍子時，我就會忍不住感到高興。吉列刀片已經有一百多年歷史，全世界的男人每年要消耗二百億片以上的刀片，其中三〇%就是吉列生產的，六〇%的市場銷售額屬於吉列公司。在某些國家，吉列公司刀片的市場佔有率甚至達到了九〇%。」

美國運通銀行的旅行支票和運通卡是跨國旅行的必備工具；富國銀行是美國十大銀行之一，擁有加州最大的商業不動產市場；聯邦住宅貸款抵押公司是美國兩個最大的住宅貸款業者之一；併購大都會─美國廣播公司之後，迪士尼成為全球第一大傳播與娛樂公司；麥當勞是全球第一大速食業者；華盛頓郵報亦是美國最受尊敬的報社之一，在民眾生活中影響巨大。由此可以看出巴菲特所持股票的原因：他最為看重的公司或企業都是與大眾日常生活緊密連結在一起的，這些公司的產品簡單而容易瞭解，毫無神秘和複雜可言。這就印證了巴菲特崇尚簡單、拒斥複雜的投資理念。

巴菲特絕對不投資自己不瞭解的、或是在「能力範圍」之外的公司。在巴菲特看來，任何投資者只要花時間對某個行業或是某個公司切身地參與或是切實地做一些調查研究，都能夠獲得相關資料，進而瞭解某些行業或自己感興趣的企業，擴大自己的「能力範圍」。巴菲特有一句很經典的話：「一個人一生中不需要正確很多次，只要在極為緊要或關鍵的時候做出正確的判斷和決策就行了。」在其四十年的投資生涯中，十二次正確的判斷決定了他的成功，為他帶來巨額的財富。

留心身邊的金礦

—彼得・林區—

零售業是基金的寵愛之一，雖然機構投資者善於用非常精密的財務分析來選擇成長性的零售業公司，但林區卻告訴普通投資者逛街同樣能夠很準確地選到成長性優異的零售業品種，而且在林區的實踐性投資中，透過逛街選股的方法確實尋覓到了大牛股。

林區透過研究發現許多股價漲幅最大的大牛股，往往就來自數以百萬消費者經常光顧的商場，包括家得寶、蓋普服飾和沃爾瑪。

只要在一九八六年投資上述的公司，持有五年到一九九一年年底就會上升五倍的市值。

對於Levitz家具公司，林區從頭到尾看到其股票上漲一百倍的過程。這樣的零售連鎖公司讓人知道雖然不是所有的零售公司都能取得成功，但至少我們都可以很容易地在購物的同時觀察它們的發展進程。當你耐心觀察一家零售連鎖店，看它首先在某一個地區獲得成功後，然後開始向全國擴張，並且用事實證明在其他地區同樣能夠複製原來的成功，這時候投資也不遲。

普通投資者可以透過這種方法去尋找未來的金礦，天底下雖然沒有不勞而獲的事情，但機會向來會青睞勤奮者。

理性投資更長久

—華倫・巴菲特—

巴菲特崇尚理性的投資觀念，他避開了科技股的大波動風險，並且獲得很大的收益。他的老師葛拉漢曾經提出以淨資產價值、低本益比為標準的投資方法，並且應用利率來衡量價格的高低。

葛拉漢發現一個數學的評價公式，即企業的中心價值應滿足三個標準：

- 十倍以下的本益比，一年以上的盈利為分母。
- 個股價格相當於歷史最高價的一半，即股價從最高價回檔了一半。
- 股價不高於每股淨值。

葛拉漢的投資學說是基於穩健投資的原則之上的，而他把穩健投資的精髓提煉為「安全邊際」，他認為，一旦股票的價格低於其實質價值，這支股票就存在一個安全邊際。可以說巴菲特正是從中汲取了營養。

對於所有包含預測成分的指標，巴菲特都不認為那是投資的基礎。因為對於公司經營的預期總是由於其易變性而難於達成，一旦樂觀的情緒佔主導，價格就會遠高於其價值，隨之而進行的操作就成為典型的投機行為。而且投資人過度預估這些捉摸不定的東西時，通常會帶來具有風險的思考模式。例如，一家公司預計未來盈餘豐厚，投資者就會以高價去購買，股價很容易偏離其實質價值，並且不斷擴大，一旦盈餘的預期未能達成，投資者面臨的風險就相當高。

這種穩健做法，在某些時候也會錯過機會，在科技股的投機狂潮中，存在大量的暴富機會，最典型的如美國線上，在不到九年的時間，該公司股價最高時上漲了三・四七萬倍，投入一萬變成三・四七億的天文數字。假如巴菲特在一九九九年投身於科技股的革命大潮，然後又在二〇〇〇年三月份後重新拾起原來的傳統績優股，將會創造十分輝煌的業績。但這僅僅是一個假設，巴菲特不會這樣做，因為巴菲特不是神而是一個傑出的投資家，正因為他的穩健才襯托出他與眾不同的膽識，才會有今天成為世界首富的輝煌。

巴菲特堅信，凡是泡沫最終都會破滅，不管是新經濟還是舊經濟，公司的持久盈利永遠要擺在第一位。巴菲特用事實證明一個道理：只有理性投資者，才能「活」得長久。

在利空下尋寶
─彼得・林區─

如果一個股市平靜如水，又如何能在其中獲利？如果股市一直上漲，從價值理論上說，就無法很容易地買到被低估的股票。

很多投資大師每逢遇到調整和股市大跌都會特別的亢奮，因為這時候他們就可以像禿鷲一樣俯瞰滿地的屍體尋找食物。林區說過，想要在股市中超越別人，就要有膽量為人所不能為，要善於從利空中尋寶。

利空中尋寶同樣需要投資者用價值理念來分析，需要經過一段時間的觀察和研究上市公司。林區的麥哲倫基金曾經買過Pier 1公司。這家公司主要從事房屋裝飾品的銷售，在二十世紀七〇年代就是牛氣沖天的超級大牛股，但到了一九八七年大崩盤的時候，股價從原來的十四美元慘跌到只有四美元，後來股價又回到十二美元，波斯灣戰爭時期股價又一次暴跌，跌到只有三美元。但林區再次關注這支股票的時候，它的股價已經反彈到十美元，後來又調整到七美元。此時，市場對於房地產市場的悲觀情緒一度氾濫，使得本來就處於低位的房地產指數再次遭遇下跌，Pier 1公司因此進入調整。林區此時兩度去該公司調查發現，這家公司在外部環境非常困難的情況下仍然盈利，而且每年新開二十五～四十家分店。雖然在經濟衰退打擊最嚴重的地區單店收入有所減少，但全美其他地區實現了增長；雖然存貨有所增加，但是為新開店鋪備貨所用。所有的表面不利現象透過這樣的研究分析已經無法掩蓋這家公司的高成長性，而所有的一切就只等房地產行業的復甦，果然這支股票在經濟復甦的環境下再次牛氣沖天。

從林區的案例中我們可以發現，由於經濟週期的變化，股市的大部分股票都會隨著上漲或下跌，其中很多股票還會被下市，這些在境內股市短短的歷史中已經屢見不鮮了。怎樣透過價值分析來降低風險獲利？就要透過反經濟週期的操作方式，在利空的環境下尋寶，而尋寶就要靠投資者對於上市公司的認真研究。如果一家公司在經濟環境不好的情況下還能夠增長，在經濟復甦的週期中必然會成為大牛股。

不因為便宜而買入

─華倫・巴菲特─

巴菲特說：「你買一種股票時，不應該因為這種股票便宜而購買，而應該因為你很瞭解它而購買。」

巴菲特認為，普通投資人可以按常識判斷來戰勝股市和共同基金，也就是說要善於從平凡中發現奇蹟，他自己往往會從日常生活中得到有價值的資訊。他特別留意妻子和三個兒女的購物習慣。一九七一年的一天，妻子買回「萊格斯」牌緊身衣，他就從中發現了一樁大有賺頭的買賣。在他的指示下，公司當即買下了生產這種緊身衣的漢斯公司的股票。不久，股票價格竟然升到原來價格的六倍。

有十二個大眾觀點被巴菲特形容為「愚蠢而危險」，包括「已經下跌很多的股票不會再下跌了」、「屢創新高的股票不會再上漲了」……巴菲特認為，實際上你不可能預料到什麼時候是谷底，而如果是一個好公司，即使股票價格已經高漲也不必拋售。事實上，他從未進行過短期的風險投資，只要他投資的企業仍然保持活力，他就把股票緊緊抓住不放。同樣，一旦股票表現出下跌的預兆，他會不斷到上市公司，視察一番，分析判斷後也可能毫不猶豫地趕快脫手。在股市上，他的一舉一動經常成為一些股票投資者預測股市變化的「晴雨錶」。

巴菲特認為，盈利是一個公司的最終目的，不過股價是由華爾街的預期所引導的，價格過高的增長型股票具有雙倍的風險，如果他們的盈利猛然下跌，股價就會跌向谷底，即使盈利增加，股價也有可能下降。當你為了股票的增值付出太高的代價時，風險和效益之間就會不成比例了。

巴菲特總結出對以下幾種企業的投資一般不會成功：

■ **與農場有關的企業**。它們有很長的生產週期，而且不得不為那些總是沒有現金的農場主提供資金。有可能會看到一些帳面利潤，但是在納稅後，最後得到的只是一堆令人頭疼的應收帳款。

■ **長期服務契約**。交了很少的保費，卻要為之提供很長時間的保險，這對保險公司來說是致命的。

■ **過分依賴於研究的企業**。如果一個企業不得不長期依靠大量的資金投入，才能保持它的領先地位，這是一種軟弱的表現，而不是強大。

■ **企業管理層不誠實的企業。**

■ **連鎖型企業。**那些以幾何級數增長，但需要越來越多現金的企業。

■ **零售業（包括郵票銷售業）。**那是巴菲特從未賺到過錢的領域。

■ **「把自己都押上」的企業。**就像洛克希德公司，他們不得不週期性地把公司抵押出去，以維持業務。

■ **負債型企業。**一座沒有抵押出去的房子，顯然比一座已經抵押出去的房子更值錢。

但是如同巴菲特這樣理智的人不多，大多數投資人進入股市的目的就是為了賺錢，所以置身於股市之中，只要有便宜就佔。但是，股市中確實有些便宜還是不能佔的。雖然這便宜本身或許能給人帶來收益的，如某些熱門品種，但是投資者不可能把握每一次市場機會，所以這樣的投資是很危險的，輕者將會蝕本，重者會因為貪小便宜而吃大虧。

玩熟週期型股票

——彼得·林區——

週期型股票是價值分析中比較特殊的品種，其特殊性在於：對於大多數股票而言低本益比是好事，但週期型股票並非如此。當週期型股票業績極佳本益比銳減時，這可能暗示著公司業績已經進入景氣度高潮，此時糊塗的投資者可能還在選擇買入並且持有，但聰明的投資者卻選擇賣出；反之，對於大多數股票而言，高本益比是壞事，但對週期型股票而言卻是好事，當週期型股票業績連續數年極差時，將是極佳的買入良機，最典型的週期型股票是資源股。

林區投資銅礦股「菲爾普斯·道奇」即為經典。投資週期型股票不是產業景氣度低迷就能買入。在很多情況下，週期型股票很難抗禦產業寒冬的考驗，在產業景氣復甦前就已死去了。因此，林區在考慮介入「菲爾普斯·道奇」時，首先研究股價，一九九一年時股價已經從每股三十九美元高點回落到每股二十六美元，同期每股利潤也下降了五〇%；其次，也是最重要的價值研判依據，是公司的資產負債率是否穩健到足以抵禦產業寒冬，當時「菲爾普斯·道奇」

擁有淨資產一六・八億美元，但只有三・一八億美元總負債。顯然，無論銅價如何波動，公司也不會破產。隨後，林區又對公司隱藏的客觀資產、資本支出、技術改造等各項成本因素進行計算，最終果斷決定在業績下降之際投資「菲爾普斯・道奇」。在一九九二年之後銅價逐步回升時，林區所做的就是耐心地持有。

保持頭腦清醒

—華倫·巴菲特—

無論你選擇什麼方式進行投資，都是一場與市場的博弈。可能你已經與市場數次交手，現在開始明白，投資不像釣魚那麼簡單。

你已經認識到，在投資的時候，如果一筆生意聽起來好得令人難以置信，它真的不值得你相信。如果你曾經失敗，也不必縮手縮腳地不敢向前。關鍵的一點是，你必須面對現實，重新調整你的投資計畫，否則你將再次嘗到失敗的苦果。

以下是巴菲特提出的投資策略，可以幫助你保持清醒的頭腦，做出正確的投資判斷：

■投資不是十幾個人的足球遊戲，而是投資者一個人的遊戲，投資者必須自己做出判斷與抉擇。想要投資，就要好好地研究所要進行的交易。

■不要期望過高。期望越大，失望也越高。投資者期望自己投入的本金每天能翻一倍，作為夢想，這無可厚非，但必須清醒地認識到這僅僅是一個夢想。記住，如果年平均報酬率能達到一〇％，就是非常成功的投資。

■不要被虛漲的股票所迷惑。切記，公司的股票和公司是有區別的，有時候股票只是一家公司不真實的影子。所以，應該多學習這個方面的知識，不斷地掌握新的投資技巧。

■不要低估風險。風險值得每個投資者投入足夠的重視。一個重要的原則就是，在選擇一項投資之前，不要先問「我能賺多少」，而要先問「我最多能虧多少」。

■在不知道自己該買哪一支股票或者為什麼要買這支股票的時候，堅決不要買。這一點尤其重要，必須先把事情搞懂再做決定。

■投資的前提就是一定要保本，當投資者把目光投向一些目前正在走向衰敗的公司的時候，就是一個危險的開始，這一點尤其應該注意。

■不要輕信那些債務大於資本的公司。有些公司透過發行股票或借貸來支付股東紅利，但是他們最終會陷入困境。

■應該「把雞蛋放在一個籃子裡，然後小心地看好它」。那種把資金投入到多家公司以此來試圖分散風險的做法是不正確的。

■不要忘記，除了盈利以外，沒有任何其他標準可以用來衡量一個公司的好壞。無論分析專家和公司怎樣說，記住這條規則，盈利就是盈利，這是唯一的標準。

■ 如果投資者對一支股票產生了懷疑，不要再堅持，及早放棄。

冷看熱門股

—彼得・林區—

出於對財富的渴望，一些投資者喜歡賺快錢。據證交所統計資料顯示，超過半數的中小投資者持股時間不足三個月。若要在此短時間內獲得較好收益，唯有追逐熱門行業的熱門股這條捷徑。但林區的投資法則中，有一種股票是他絕對避而不買的，即最熱門行業中的最熱門股票。

林區曾經以道瓊指數「漂亮三〇」中的施樂公司為例，這是二十世紀六〇年代最熱門的股票，其明星地位不亞於今天的谷歌公司。施樂公司從上游至下游控制了整個複印行業。一九七二年施樂股價達到一百七十美元時，分析師們仍然認為施樂公司能持續保持高增長。然而，佳能、ＩＢＭ、柯達等近二十家公司也介入了複印行業，施樂公司面臨競爭則試圖用多元化規避風險。結果，施樂公司多元化經營不成功，股價下跌了八四％，其他公司也好不了多少。時至今日，複印行業已經發展成為規模龐大的行業，需求旺盛，但複印行業股票卻未再度走俏。

為何熱門股總是令投資者一廂情願？林區的觀點是：當熱門股股價過快上漲後，公司基本面的實質性內容將像空氣一樣稀薄，所以熱門股下跌的速度和上漲的速度會一樣快；而且熱門股往往是輿論關注的焦點，投資者還會禁不住強大社會壓力而買入，這在新涉市投資者中尤為明顯。

股市中冷熱門轉換亦講究「凡物皆有度」。有鑑於此，投資者在進行考慮選股策略時亦要「少追漲、勿殺跌」，股價陡峭直上時，應該謹慎對待；即使當股價已經充分調整後，也不能人云亦云。

跟上形勢變化

—華倫・巴菲特—

巴菲特曾經說，自己有八五％投資策略來自於老師葛拉漢。但是他在具體的實踐中，發展和改變了老師的價值投資策略，他拋棄了其中一些不符合新情況的思路。他說：「我逐漸發展了他的思想，以適應新的變化。」

從開始涉足投資行業至今，巴菲特一直在尋求改變。多年來，他在應用價值投資策略方面的思路也在不斷地改變。隨著運作的資金量越來越大，他認為先前那種運作資金的方式已經不適用了。他說：「當初在葛拉漢的公司工作時，由於資金數目比較小，我們經常用一張紙，將與某家公司有關的一切數字都記下來。如果我們碰到了在帳面價值、營運資金、收益方面都合格的公司，我們就把它買下來，這種方法很簡單。可是這種方法現在顯然已經行不通了，我們得尋找其他的途徑，我們必須學習如何在未來贏得可以穩定增長的現金流。」

在二十世紀六、七〇年代，工業主要以製造業為主，衡量企業的主要標準是帳面價值。投資者只要科學地分析企業的財務與管理，他就能以帳面上的數字來考察企業。可是，後來隨著科技的不斷發展，服務與資訊經濟的不斷發展，傳統的那種簡單衡量企業帳面價值的手段已經不適應新的情況了。對巴菲特來說，雖然他對新技術企業興趣不大，但他不是一個故步自封，拒絕新事物的人。相反地，他是一個樂於改變的人，他一直在與時代一起進步，他的投資理念也隨著經濟的變化而改變。

在一九九九年網路科技股風靡全球之時，巴菲特選擇了迴避，繼續專注於自己的傳統行業投資。不久，科技股的泡沫破滅了，眾多投資者因此傾家蕩產。事實證明巴菲特當時的選擇是明智的。但是時過境遷，進入二〇〇五年之後，巴菲特也開始投資科技股。他旗下的波克夏公司表示其擁有ＷＴ通信公司和Level 3通信公司的股票，他的公司在亞馬遜網站上的投資也獲得盈利。

在回答為什麼購買科技股的時候，巴菲特說：「我總是盡可能地跟蹤那些我明白運作情況的股票，就像亞馬遜。我的意思是說，我能夠明白亞馬遜這樣的企業在經營上的利弊，進而準確分析投資的回報。更重要的是，亞馬遜這樣的股票一年前或一年半以前的價格比現在低得多，所以當時我就明確意識到這樣的企業不僅能夠生存下去而且還會獲得高速發展。」

投資行業沒有亙古不變的法則與真理，偉大的投資家是願意不斷改變自己的投資理念與投資方法，以適應變化。事實上，那些在幾十年前適用性強的理念與方法，在新的時代裡可能已經不再適用，聰明的投資者應該根據新情況改變投資理念與方法。

選對基金公司和基金經理

—彼得・林區—

目前市場上有很多不同類型的基金，令投資者眼花撩亂，而投資者如何在風雲萬變的市場上選擇適合自己的「理財專家」？

由於不同的基金在投資標的、投資策略等方面存在許多的差異，因此要正確地選擇好的基金公司確實需要一些技巧。有關專家認為，從目前各家基金公司公布的年報看，不同的基金管理公司的投資收益和管理能力明顯出現了差異，因此投資者在購買基金時要樹立一個理念，買基金就是買一家優秀的基金管理公司。

至於如何選擇好的基金公司，林區認為可以考慮以下幾個方面的因素：

選擇具有良好品牌形象和信譽的公司

除了基金管理的專業和知識能力以外，基金公司最大的資產就是誠信。投資者願意將錢交給基金公司管理，必定是在對方值得信賴的前提下展開的。具有良好信譽的基金公司不但對投資者深懷責任感、信守經營承諾，也在內部治理和風險控制方面有嚴格規範的操作準則。

如果一個基金公司不以投資者的利益為首要前提，沒有良好的操守和專業能力，往往會危及到投資者的權益，無法獲取投資者的長期信任。媒體報導的內部關聯交易、人為操控業績等負面事件，就反映了個別公司內部控制不佳的水準和信譽情況。

因此，良好的品牌形象和信譽是投資者衡量基金公司的最基本條件之一。

選擇產品種類豐富的基金公司

一家公司如果有比較完整的產品線，投資者就可以在其中選擇適合自己的組合，也能夠在市場變換時適時地調整自己的投資。例如，市場預期上升時，投資者可以選擇股票型基金獲取高額回報；市場景氣下滑時，投資者可以選擇轉換基金，改而投資固定收益等更為低風險的產品。此外，由於同一家基金公司間的基金轉換只需要支付較低的轉換費用，可以節約交易成本。當然，這也不是說，產品較少的公司不值得選擇，或許這些公司發展的時間不太長，產品還在完善過程中。

選擇風格如一、業績穩健的基金公司

每個人都希望自己投資到業績最好的基金，但如果只追求短期的業績而忽略了中長期的表現，可能會出現與自己預期相反的結果。在選擇基金公司的時候，要對其旗下的業績做出中、長期的業績比較，看看這支基金能否超越業績基準或同類型的產品。此外，也要看看這支基金的投資風格是否始終如一或是有無頻繁的更換基金經理人。不斷變換投資風格的產品，與其發行當初給出的投資理念等不相符合，往往具有較多的不確定性和不穩定性。只有穩健的操作和風格才能為客戶帶來穩健的長期收益。

選擇資產規模大、研究能力強的公司

資產規模大，表示公司的實力強和投資者的信任程度高，而隨著全球投資化時代的來臨，資產全球布局已經成為掌握投資先機、分散風險、提高獲利能力的關鍵。由於各個市場相互影響的關聯程度越來越高，因此想要正確地把握趨勢，有很強跨國研究能力的公司將會佔很大的先機。

選擇有優秀經理的基金公司

林區認為，市場中存在兩類公司，一類是人見人愛同時也是家喻戶曉的公司，如可口可樂等，其股價很少急升或暴跌。大部分投資機構由於不肯冒險，長期埋首研究並且持有這些熱門績優權值股，這些投資機構的經理只能算作庸才。另一類是乏人介紹而無人問津的公司，股價長期緩慢上揚。這些不見經傳的公司往往比那些人見人愛的股票更具賺錢潛質，能夠發現其中的瑰寶，並且搶在其他基金經理之前不動聲色慢慢吸納，才算得上是優秀的基金經理。

林區還認為，從一個企業發生變化到這種變化反映到股價上，往往有一個月到一年的間隔，應該搶在別人之前先掌握資訊，及時做出買或賣的決策。他每年和數以百計的公司首腦通電話，親自訪問那些他認為值得投資的公司，即使規模非常小。那些平庸的基金經理經常要等到上市公司財務報告出來後再做分析判斷，必然使自己處於十分被動和不利的地位。

關於基金經理日常行為的情況我們根本無從瞭解，又如何對其進行有效甄別和判斷？其實，只要你認真研讀基金的報告，就會發現基金經理的主要投資理念和行為都透過其持有的十大重倉股表現出來了。

如果其持有的皆為人見人愛的績優權值股，再透過對比以前的持股情況，發現其通常都是在這些股票已經成為家喻戶曉的大熱門之後才買進的，買進後也沒有根據大勢變化進行調整，這樣的基金經理是只會隨著潮流走的庸才，就是對投資人不負責任的懶傢伙。

反之，如果你在十大重倉股中發現了那種由以往既不引人注目更無人問津的冷門驟然成為市場熱門的公司，並且透過對比以往持股情況和查看該上市公司資訊公告，以及基金淨值前後的變化，證實是在其成為市場熱門之前即已大量持有，而且在股價出現回跌前又在十大重倉股名單中消失的，管理這支基金的經理極有可能就是投資人夢寐以求的理財專家。

尋找消費壟斷企業

—華倫・巴菲特—

選擇股票是取得投資成功的開始，也是最為重要的一步，選股要有戰略眼光，善於發現「地下的黃金」。如果第一步邁不開，走不好，成功就無從談起。巴菲特投資的成功就在於能夠準確選擇投資對象。

巴菲特選擇投資對象的時候特別注重公司的業務種類，對那些從事具有消費壟斷性業務的公司情有獨鐘，他認為這類公司相對於從事普通業務的公司更具有獲利潛力和發展前景。這類企業即使是在經濟不景氣的情況下也由於其所從事的業務具有消費壟斷性，而不會對其獲利能力有很大的影響，也就是說，這類企業的獲利在任何情況下都比從事普通業務而不具有消費壟斷的公司要穩定得多、有保障得多，投資於這類企業風險較小，獲利有保障。

二十世紀四〇年代後期，約翰・霍普金斯大學的勞倫斯・布魯伯格在論文中指出消費壟斷型企業的投資價值。透過對消費壟斷型企業和普通企業的比較，布魯伯格認為，企業便利的地理位置、服務熱情周到的雇員、便捷的送貨服務、令人滿意的產品品質等因素令消費者信賴，進而產生一種心理狀態——商譽意識。消費者的商譽意識會帶來消費壟斷。商譽意識雖然只是一種消費心理狀態，但作為一種無形資產卻具有巨大的潛在價值。它經常驅使消費者對某些商品產生一種信任，只購買某幾種甚至某一種商品。這樣就會給企業帶來驚喜：更高的權益收益率、利潤的增長、良好的業績，此類公司的股票自然會受到追捧，股價也會隨之上漲。這類公司即使在經濟不景氣的情況下也會有相對穩定的表現。對於這個觀點，巴菲特非常贊同，並且在投資過程中堅持運用。巴菲特的投資組合中幾乎數十年不變的八家公司的股票在巴菲特眼中都具有消費壟斷，在消費者心中都是具有長久吸引力的消費品牌，能夠使消費者產生「商譽意識」。

如何檢驗某個企業是否存在消費壟斷，是否足以使消費者心中產生「商譽意識」？巴菲特藉助布魯伯格的理論，發明了一種方法。他設計的問題是：如果你有幾十億資金和在全國五十名頂尖經理中任意挑選的權利，你能開創一個企業並且成功地與目標企業競爭嗎？如果答案是否定的，這個目標企業就具有某種類型的消費壟斷，是一個消費壟斷型企業。

對於自己選定的投資企業，巴菲特經常引以為豪。「別的企業能和華爾街日報競爭嗎？你可能耗盡了心思，花費了幾十億資金，但是你仍然不能減少它的讀者人數！沒有人能創辦一個口香糖公司能和箭牌公司相對抗！到目前為止，也沒有哪一種碳酸飲料能和可口可樂抗衡！」他說，「同樣的情況還有萬寶路香菸，很難想像一個抽慣了萬寶路香菸的人會轉向其他品牌的香菸。」

布魯伯格認為，消費壟斷型企業能夠具有很高的利潤，其原因就是這類企業不必高度依賴於對土地、廠房、設備的投資。其他普通公司則正好相反。消費壟斷型公司的財富主要以無形資產的形式存在。比如可口可樂的配方、萬寶路的品牌等，都是價值巨大的財富。

這種情形在商業貿易史上一直存在，如早期英國冶鐵業的消費壟斷，湯瑪斯・愛迪生創建的美國奇異公司，其影響遍及全球。巴菲特十分看好這種有廣泛發展前景的公司，選擇這類公司他是胸有成竹的。

透視基金投資方向

—彼得·林區—

當前那些著名的投資者中，林區的名聲幾乎無人能敵。這不僅僅在於他的投資方式成功地透過了實際執行的檢驗，而且他堅定地認為，個人投資者在運用他的投資方法時，較華爾街和大戶投資者更具獨特優勢，個人投資者因為不受政府政策及短期行為的影響，其方法更加靈活。投資之前，投資者一定要對投資對象做全方位的瞭解，不僅要瞭解自己已經熟悉的方面，更重要的是透視平時沒有注意到但又對投資成敗有關鍵作用的因素。在選擇基金之前，要練就一雙火眼金睛，透視基金的方方面面，辨別出哪個基金才是自己的最優選擇。

一般情況下，普通投資者對基金公司、基金經理以及基金類別較為關注，而對基金的投資方向不夠重視，很多投資者甚至根本不清楚自己的基金最終到底奔赴何方，更不用說對投資行業進行細緻的瞭解。實際上，基金的投資方向是基金能否盈利的重要因素。選定了投資方向，如同是選擇了投資的前進路線，才能保證基金擁有在未來的運作中獲得良好收益的前提。在一定市場的大環境下，具有行業優勢的公司比普通公司更能獲利豐厚。一旦選錯了方向，即使是實力雄厚的基金公司加上優秀的基金經理的搭配，仍然難以保證能夠在驚濤駭浪的市場中有所收穫。

不同行業在一定經濟週期階段有不同的表現，股票價格也會隨行業變化而發生相應變化，這是以基本面為依據進行行業配置的基金進行投資選擇的重要依據。

在高通膨時期，由於資金的壓力以及商品價格的上漲將給企業帶來一定的成本壓力。此時，處於產業鏈下游成本轉移能力較弱，並且缺乏自主定價能力的企業的盈利能力將受到較大影響，而掌握上游資源優勢的資源類企業則擁有更多的自主定價能力，這在很大程度上確保了盈利能力，而企業的盈利能力是企業市值的重要基礎和保障。

由此不難看出，基金投資方向是其盈利的關鍵，基金投資者想要獲得良好的收益，就要選擇具有良好增長潛力的行業。在當前通貨膨脹壓力依然存在、市場未來預期尚不明確的市場環境中，選擇投資能源類行業的基金有望獲得良好的收益。

慎重看待高新科技企業

——華倫·巴菲特——

在巴菲特的投資策略中，有一個重要的原則，即投資自己所瞭解的企業。他經常告誡投資者，如果不瞭解這個企業，就不要去購買它的股票。

一般說來，巴菲特只投資自己熟悉的兩種企業。一種是能夠提供重複性服務的傳播事業，這些企業提供的服務是所有企業都必需的。無論是大企業還是小企業，它們都必須讓消費者認識自己的產品與服務，所以它們不得不花高額的廣告費以求能打開銷路。由於企業的這種支出是必需的，所以那些提供這類服務的行業勢必從中獲得高額的營業額及利潤。另一種是能夠提供一般大眾與企業持續需要的重複性消費的企業。巴菲特投資的企業，如吉列、華盛頓郵報、中國石油等，都符合他的這個選股原則。

在巴菲特的投資組合裡，我們很容易看出他對網路科技股總是避而遠之，只青睞那些傳統意義上的、為他所瞭解的盈利前景較為明朗的企業，如保險、食品、消費品、電器、廣告傳媒及金融業。全世界都在為網路科技股瘋狂的時候，巴菲特仍舊不為所動，堅持著自己的陣地，顯得是那樣固執。

巴菲特對自己不瞭解的高科技公司不感興趣。儘管巴菲特與比爾・蓋茲是一對極好的朋友，巴菲特還是蓋茲婚禮的證婚人，蓋茲還對他很有耐心地講述自己的企業，但這都沒能成為他投資微軟的理由。巴菲特曾經說：「我很崇拜比爾・蓋茲，但是我不會買微軟的股票，因為我不知道十年後世界將是怎樣的。我不想參與到這些別人擁有絕對優勢的遊戲中去。或許我可以用我所有的時間去思考一下明年的科技發展，但是我不可能成為我們國家分析這類企業的行家高手。我連第一百位、第一千位、一萬位的專家都輪不到。也許很多人都會分析這類公司，但是我不會。」

巴菲特一向在投資方面極為自信，可在面對高科技企業時，他表現得過於「謙遜」。在科技股炙手可熱的時間裡，巴菲特因為不懂而沒有去參與，我們可以將他的這種表現看成是理性而聰明的表現。巴菲特的商業老搭檔查理・蒙格為他的這個策略進行很好的解釋，他說：「每個人都應該找到自己的長處，然後再運用這種優勢。如果你試圖在你最差的方面獲取成功，我敢肯定，你的事業將會一團糟。」在解釋為什麼巴菲特和波克夏公司不去買進科技股時，他說：「我們沒有涉足高科技企業，是因為我們缺乏涉足這個領域的能力。我們的優勢在於很瞭解非科技股，而其他股我們不瞭解，所以我們只願意與那些我們瞭解的公司打交道。」

一九九九年，在網路股已經逐漸失去了往日的熱度的時候，巴菲特決定投資高科技公司——美國第一資料公司。第一資料公司的業務是提供信用卡支付處理及電子商務線上交易系統服務，它和雅虎、戴爾等高科技公司有密切的業務聯繫。與當時其他正在虧本營運的網路公司不同的是，第一資料公司已經有了很大的銷售額與利潤。當時，很多人都驚歎巴菲特要大舉進軍科技股。巴菲特一方面宣稱自己對科技股不感興趣，另一方面還是購買了科技公司的股票，這兩個方面不衝突，如果我們能將問題看得更為深入一些，就會發現巴菲特作為一個理性的投資家，他不會因為企業的名稱或是產品與高科技有關便將其排斥在考慮之外，無論是哪一種類型的股票，只要符合了他的投資標準，他就會去投資並且長期持股。

由於投資散發出來的巨大利益誘惑，許多人都樂此不疲。可是，在投資領域中，卻只有很少的人取得成功，這是因為他們沒有像巴菲特那樣「永遠不要做自己不懂的事情」，太多的人是憑藉著頭腦中的想像去貿然投資。

把握基金贖回時機

—彼得．林區—

有些非理性投資者，往往容易出現漲時追、跌時拋的習慣，這是投資領域最忌諱的。一九八七年美國股市大崩盤時，林區管理一百多億美元的麥哲倫基金，一天之內基金資產淨值損失了一八％，損失高達二十億美元。林區是如何應對的？林區和國內所有開放式基金經理一樣，只有一個選擇——拋售股票。為了應付巨額基金贖回，林區不得不把不賣的股票都賣了。作為普通投資者，應該把握基金贖回的時機。

只有賣出基金實現收益，才是衡量投資基金業績的基本原則。賣出基金與賣出股票的道理相同，賣完之後也許還有更高的價格（淨值），想要準確算出賣出的最佳時機，不是一件容易的事情。但是，只要遵循幾個常見的原則，可以找出相對接近最佳時機的時機，實現較好的收益。

投資基金要賣在行情高漲之時，買在行情低迷之時

一般情況下，經濟景氣循環的高低對股市會產生很大的影響，在宏觀經濟景氣度很高的情況下，股票市場行情也隨之高漲，因為市場總是公布最好的消息，上市公司業績也會很好，投資人的熱情也隨之高漲，成交量頻創新高，這個時候就是賣出股票或者基金的最佳時點。相反地，當經濟景氣循環落入低谷，宏觀經濟指標低落，上市公司業績不理想，投資人信心低落，股票市場行情也隨之跌落，但此時正是買入基金的最佳時點。然而，大多數的投資者通常在行情低迷時由於承受不了壓力，賣出手中的股票或基金，而在行情高漲時，憑著高漲的熱情，跟著大家一起買入股票或基金。

考慮基金的費率規定，選擇合適的贖回時機

基金管理人在募集基金的時候，為了吸引更多的投資者，鼓勵投資者更長期地持有投資的基金，針對不同的基金持有時間設立不同的贖回費率。比如，有些基金在持有滿半年或一年後，贖回費率減半或者全免等。所以在選擇贖回時，要清楚相關贖回費率的規定。

基金業績明顯不佳之時，要勇於轉換其他基金

基金投資操作不同於一般的股票投資，更加傾向於長期性的投資，投資者可以容忍短期的績效不佳，比如連續的三個月或是半年，但是如果等到一年以後基金的業績仍然沒有起色，就要毫不猶豫地割肉賣掉，轉換為歷史業績優秀、表現比較穩定的其他基金。儘管基金的歷史業績不代表未來，但是一般來說，基金業績穩定性還是值得期待的。

發現基金管理人的操作有問題時，應該毫不猶豫地贖回

基金管理人和投資人之間由於各自追求不同的利益，將會不可避免地導致基金管理人的「道德風險」問題。投資者如果發現自己投資的基金被管理人當作利益輸送的工具，換句話說，管理人為了給特定人謀取利益，犧牲投資者的權益，應該立即賣掉該基金，不必再寄予任何期待。

理性配置資本

—華倫・巴菲特—

巴菲特在近幾十年的投資生涯中，取得了舉世無雙的投資收益，他的投資方法，如理性投資、關注上市公司的管理水準和上市公司的持續發展能力等給我們留下了很多有益的啟示。

巴菲特從多年投資經驗中總結出，資本配置對企業和投資管理有重要的作用，資本配置能力是管理層最重要的能力。資本配置能力表現在管理層如何明智地決策，把大量資本投資於未來長期推動股東價值增長最大化的項目。可以說，資本配置上的遠見，決定了公司未來發展的遠景。

巴菲特對管理層的資本配置能力非常重視，當他買入一家公司股票時，他會對這家公司二十年的經營歷史進行追蹤，甚至追溯到公司有經營記錄可查的早期，他尤其注意檢查目標公司現任管理層任職期間資本配置的過往記錄。他說：「我們從來不看什麼公司戰略規劃，我們關注而且非常深入分析的是公司資本配置決策的歷史記錄。」

巴菲特憑藉多年的投資經驗發現，大部分管理層最缺乏的是資本配置決策能力。他認為公司管理層資本配置的基本準則是促進每股內在價值增長的重要因素。

巴菲特的觀點與資本市場的普遍認識大不相同。人們普遍認為股票市場是短視的——股市習慣性地高估公司的短期收益而低估公司的長期盈利能力。因此許多上市公司削減資本支出和研究開發費用以實現短期利潤最大化，希望藉此推動股價上漲。

但是許多研究成果證明巴菲特是正確的，股票市場絕對不是短視，正好相反，股票市場同樣非常看重公司管理層的資本配置能力，也非常關注公司的資本性支出，並且會對進行長期戰略性資本投資來提升股東價值這個策略做出積極的反應。

在一項受到高度好評的針對幾百家美國上市公司戰略性資本支出投資決策的股市反應的調查研究中，將那些發布兼併、增加研究開發費用、開發新產品、擴張和現代化的資本性支出公告發布後，股票市場會對此做出積極的反應，股票價格會顯著上漲。

在多年的商業實踐中，巴菲特發現那些正派、能幹、經驗豐富的經理人卻不能理性地進行資本配置決策，他們無法擺脫一種機構強制力的巨大影響。正因為如此，他們不會得到巴菲特的青睞，巴菲特是不會向這樣的公司投資的。

巴菲特是世界上最出色的資本配置專家。他在集團公司中的主要作用之一，就在於對旗下企業做出最妥善的資本配置，使其在充分信賴和長期無虞的資本挹注之下，有充分發展的空間。隨著資本挹注企業的不斷成長，巴菲特的身價不斷提升。

波克夏公司的發展壯大主要靠的不是炒作股票，而是增添新企業。一九六五年，巴菲特買下了波克夏紡織公司，當時看起來還算不錯，但二十年以後，巴菲特不得不承認這項投資是失敗的，於是他在一九八五年停止了紡織業務。但是在這二十年中，他沒有拘泥於紡織業，而一直致力於收購，他有時把一家公司整個買下，有時他也會購買一部分股權。在過去的四十多年中，巴菲特把波克夏公司從一家紡織公司發展成涵蓋保險、金融服務、航空服務、製鞋、鋼鐵、家具等多種行業的綜合性公司。僅在二〇〇〇年，他就買下了八家公司，並且都是全資收購。這些收購的完成，使得波克夏公司的員工也多了一倍，二〇〇〇年的總收入達三百億美元，該公司第一次進入以收入計算的「財富五〇〇大企業」的前五十位之列。

投資以前，想想二十條忠告

——彼得・林區——

林區是華爾街著名投資公司麥哲倫公司的總經理。上任幾年間他便將公司資產由二千萬美元增長至九十億美元，《時代週刊》稱他為「第一理財家」，《幸福》雜誌則讚譽他為「股票投資領域的最成功者……一位超級投資巨星」。他在投資理念上有自己獨到的見解，對投資者在做出投資決定前有二十條忠告：

■不要相信各種理論。多少世紀以前，人們聽到公雞叫後太陽升起，於是認為太陽之所以升起是由於公雞鳴叫。如今華爾街每天為解釋股市上漲的原因而生產的大量新論點，總讓人困惑不已。比如，某一會議贏得大酒杯獎啦、日本人不高興啦、某種趨勢線被阻斷啦。「每當我聽到此類理論，我總是想起那鳴叫的公雞。」林區打趣地說。

■不要相信專家的意見。專家們不能預測到任何東西。雖然利率和股市之間確實存在微妙的相互連結，我卻不信誰能用金融規律來提前說明利率的變化方向。

■不要相信數學分析。「股票投資是一門藝術，而不是一門科學。」對於那些受到呆板的數量分析訓練的人，處處都會遇到不利因素，如果可以透過數學分析來確定選擇什麼樣的股票，還不如用電腦算命。選擇股票的決策不是透過數學做出的，你在股市上需要的全部數學知識是你上小學四年級就學會了的。

■不要相信投資天賦。在股票選擇方面，沒有世襲的技巧。儘管許多人認為別人生來就是股票投資者，而把自己的失利歸咎為悲劇性的天生缺陷。林區的成長歷程說明，事實並非如此。在他的搖籃上，沒有吊著股票行情報價機，長乳牙時也沒有咬過股市交易記錄單，這與人們所傳球王比利在嬰兒時期就會玩足球的天才截然相反。

■你的投資才能不是來自於華爾街的專家，你本身就具有這種才能。如果你運用你的才能，投資你所熟悉的公司或行業，你就能超過專家。

■每支股票後面都有一家公司，瞭解公司在做什麼！你要瞭解你擁有的股票和你為什麼擁有它，「這支股票一定會漲」的說法不可靠。

■擁有股票就像養孩子一樣，不要養得太多而管不過來。業餘投資者大約有時間跟蹤八～十二個公司，在有條件買賣股票時，同一時間的投資組合不要超過五家公司。

■當你讀不懂某一公司的財務情況時，不要投資。股市最大的虧損源於投資了在資產負債方面很糟糕的公司。先看資產負債表，看清楚該公司是否有償債能力，然後再投錢冒險。

■避開熱門行業裡的熱門股票。被冷落，不再增長的行業裡的好公司總會是大贏家。

■對於小公司，最好等到它們盈利後再投資。

■公司經營的成功往往有幾個月，甚至幾年，都和它的股票的成功不同步。從長遠看，它們百分之百相關。這種不一致才是賺錢的關鍵，耐心和擁有成功的公司，終將得到厚報。

■如果你投資一千美元於一支股票，你最多損失一千美元，而且如果你有耐心，你還有等到賺一萬美元的機會。一般人可以集中投資於幾個好的公司，基金管理人卻不得不分散投資。股票的家數太多，你就會失去集中的優勢，幾支大賺的股票就足以使投資生涯有價值了。

■在全國的每一行業和地區，仔細觀察的業餘投資者都可以在職業投資者之前發現有增長前景的公司。

■股市下跌就像科羅拉多一月的暴風雪一樣平常，如果你有準備，它不能傷害你。下跌正是好機會，去撿那些慌忙逃離風暴的投資者丟下的廉價貨。

■每個人都有買股賺錢的腦力，但不是每個人都有這樣的膽量。如果你動不動就聞風出逃，建議你不要碰股票，也不要買股票基金。

■事情是擔心不完的。避開週末悲觀，也不要理會股市名嘴大膽的最新預測。賣股票是因為該公司的基本面變壞，而不是因為天要塌下來。

■沒有人能預測利率、經濟或股市未來的走向，拋開這樣的預測，注意觀察你已投資的公司究竟在發生什麼事。

■你擁有優質公司的股份時，時間站在你的一邊。你可以等待，即使你在前五年沒買沃爾瑪，在下一個五年裡，它仍然是很好的股票。當你買的是期權時，時間卻站在了你的對面。

■如果你有買股票的膽量，但卻沒有時間也不想做家庭作業，你就投資證券互助基金好了。當然，這也要分散投資。你應該買幾支不同的基金，它們的經理追求不同的投資風格：價值型、小型公司、大型公司等。投資六支相同風格的基金不叫分散投資。

■資本利得稅懲罰的是那些頻繁換基金的人。當你投資的一支或幾支基金表現良好時，不要隨意拋棄它們，要抓住它們不放。

敢於借雞生蛋

─華倫・巴菲特─

巴菲特認為，最高明的賺錢手段，就是所謂「借雞生蛋」。他自己正是這樣的人，他能夠用別人的錢來投資企業。

一九五六年，巴菲特辭別老師葛拉漢，返回自己的家鄉奧馬哈，準備大展宏圖，擁有真正屬於自己的公司。當時，他沒有多少錢，主要是在親朋好友的財力支持下開始投資事業。在創業初期，由七個合夥人共同出資十・五萬美元，其中巴菲特投資一萬美元。以後的十三年，巴菲特的資金以每年二九・五％的速度向上增長。在合夥期間內，巴菲特不只買下較冷門的股票，也儘量地保持對許多公營企業和私人企業的興趣。

一九六二年，他開始大膽購買波克夏紡織公司的股票。隨著投資人的陸續加入，越來越多的合夥關係也跟著建立起來。

到了一九六三年，巴菲特決定重組合夥關係，使公司成為一個合夥體。到一九六五年之前，巴菲特的合夥體的資產已經達到二千六百萬美元。一九六九年時，巴菲特的持股已經成長到二千五百萬美元，這使他足以控制波克夏公司。

在二十世紀七〇年代，巴菲特買下了三家保險公司，而且併購了其他五家保險公司。今天，在產業保險業界中，波克夏公司的投資組合淨值已僅次於美國州農公司，排名第二。巴菲特不在意波克夏的投資承保保額的大小。在任何年度，他願意承保保額為前一年的五倍，或只有二〇%的保單。

波克夏公司以控股公司而聞名於世。除了保險公司之外，波克夏公司還擁有報紙、家具、糖果、珠寶、百科全書出版社、真空吸塵器以及製造和銷售服務的公司。這使巴菲特很快累積了除保險、股票之外的其他經驗。毫無疑問，巴菲特是一個善於學習、敢於開拓進取的人，他的極高的投資天賦再加上他的謙虛謹慎不斷學習的能力，使他擁有超乎尋常的投資智慧，形成獨具魅力的投資風格，並且獲得極大成功。

選對困境反轉型公司

—彼得・林區—

困境反轉型公司是那種已經受到嚴重打擊而一蹶不振，並且幾乎要按照法律規定申請破產保護的公司。它們既不屬於緩慢增長型公司，也不是業務將會復甦的週期型公司，它們有可能導致公司滅亡的致命傷。投資者對它們的發展都非常絕望，認為它們永遠也不可能東山再起了，然而它們之中的一些實力派最後卻總能搖晃著挺過去，並且在短短的時間內恢復發展，創造一個驚天神話。

林區把困境反轉型公司分為五種類型：

■ **「出資挽救我們，否則後果自負」類型**。林區認為，它們復甦的全部希望都寄託在政府財政和政策支持上，如果政府能提供及時足夠的幫助，股票再次升值是指日可待的。

■ **「誰會想到」類型**。最有名的例子就是肯・愛迪生公司，它的股票曾經從十二美元很快下跌到幾乎剩二美元，這實在是出乎投資者意料之外，令人痛心疾首的悲慘之事。然而不久之後，肯·愛迪生公司的股票竟然又強力反彈起來，一下子從二美元上漲到五十三美元之多。毫無疑問，這次上漲又造就了一大批富翁，他們談到此事，也只有幸運地感歎：「誰又曾料到？」

■ **「問題沒有我們預料的那麼嚴重」類型**。最有名的例子就是三里島核電廠，該公司曾在發生過一次核子洩漏事件之後而陷入困境，這令許多投資者都聞之喪膽。然而林區則認為「問題沒有我們預料的那麼嚴重」，依然選擇購買三里島核電廠的控股公司通用公共事業公司股票。過了幾年，通用公共事業公司決定重新啟用另一個核反應爐，這樣一來，林區購買的股票就開始上漲。林區的投資也因此狂賺不已。

■ **「破產母公司中，含有經營良好的子公司」類型**。州際百貨公司經營不善面臨破產之時，其一家子公司美國玩具反斗城公司發展趨勢依然良好，所以它獨立地從母公司分離出來後，其股票價格在短短的時間內上漲了近六十倍，這幾乎是不可思議的事。

■ **「進行重整，使股東價值最大化」類型**。比如固特異公司減少了石油業務，賣掉了一些發展緩慢的子公司，並且把經營重心重新轉向自己最擅長的輪胎製造業務，於是獲得意想不到的新生，公司股票也得到相應的增長。

至於年均收益增長率低於GNP增長速度的公司、收益趨勢下降的公司、收益波動頻繁的公司和年均收益增長速度太快的公司，都不是可以投資的對象。前兩者顯而易見，而後者則出於增長太快風險必然非常高，而且你也很難期望三〇％以上的收益增長速度能保持三年以上，更不用說十年。

投資困境反轉型公司股票的最大好處在於在所有類型的股票中，這類股票的上漲和下跌與整個股票市場漲跌的關聯程度最小。

儘管並非所有的困境反轉型公司股票都能夠困境反轉，但偶然幾次的成功使得投資這類公司的股票在整體上投資回報非常豐厚。買入的時機合適能給你帶來幾倍的回報，因此在市場低迷的時候可以重點關注這類公司。

這類公司的復甦一般會經歷四個階段：災難當頭、危機管理、財務穩定、最終復甦，買入的時機可以選擇在第二階段第一條好新聞傳出來的時候，也可以選擇第三個階段。投資於有問題的公用事業類公司的業績要好於一般的問題公司，原因在於公用事業類公司是受到政府管制的，政府很難真的讓它們破產。

我們主要從以下幾個方面來關注公司：

■公司擁有現金和債務的數量。例如蘋果電腦公司有二億美元現金，身處危機之中時並無債務，於是你可以推斷該公司不會破產。

■債務結構。不能有太多那種一旦公司出現問題就立刻會被追回的債務。例如國際收割機公司，現名納威斯達公司，是使投資者失望的可能復甦企業，因為公司印發了幾百萬張新股票售出以換取資本。結果公司是復甦了，但其股票未復甦，所以投資者的希望又破滅了。

■在解決困難時，公司最多能在賠本的狀態下堅持經營的時間；能否依靠債權人擺脫破產危機，在破產的威脅面前債權人是否會讓步或者出面支援；如果這家公司破產，可以給股東留下什麼；公司打算怎樣轉型，是否已經關掉或者出售那些賠錢的子公司，這麼做是否會給公司的收益帶來很大的變化。德州儀器公司是可能復甦型企業的又一典型例子：一九八三年十月該公司宣布它將撤出家用電腦行業（又是一個對手如林的熱門行業），僅在一九八三年裡，該公司家用電腦部門就損失了五億美元。這個決定也是為了降低損失，但也意味著公司會集中精力發展其主力產品——半導體和國防工業用品。宣布這個決定的第二天，其股票就從一〇一美元上漲到一二四美元，四個月後又上漲到一七六美元。

■產品是否又成為搶手貨；成本是否得以降低，如果降低了成本，產生的效果是什麼。例如克萊斯勒公司關閉了一些工廠，大大降低了成本。該公司還讓一些企業生產過去由自己生產的許多零件，並且因此節省了一大筆資金，它從一個高成本汽車生產公司變成一個低成本汽車生產公司。

不要輕易退出

——華倫·巴菲特——

股市大跌，是應該減倉甚至退出股市，還是應該繼續長期持有？林區的回答是：想要在股市中賺大錢，關鍵是不要被嚇出去。

投資成功，必須有堅定的信心。股市再跌，也要堅定長期持有，絕對不輕易退出。

堅定的信心來自於兩個方面：

一是相信經濟會持續增長。林區認為，投資者必須對國民經濟有充分的信心，堅信股市會隨著經濟增長而持續增長。我們要始終相信經濟會繼續穩定發展下去，相信上市公司會繼續為股東賺錢，新的公司會一批又一批地出現，取代那些失去活力的老公司。

二是相信股市波動的歷史規律，即所有的大跌都會過去，股市永遠會漲得更高。每當林區對當前的股市大局感到憂慮和失望時，他就會努力讓自己關注於「更大的大局」，以堅定自己長期持有的決心。林區所謂「更大的大局」，是以更長更遠的眼光來看股市。歷史長期統計資料告訴我們，在一九二七～一九九七年這七十年裡，美國股市平均每年的投資收益率為一一%。儘管二十世紀以來發生了各種大大小小的災難，曾經有成千上萬種理由預測世界末日將要來臨，但是投資股票仍然要比投資債券的收益率高一倍以上。

股市下跌沒什麼好驚訝的，這種事情總是一次又一次發生，就像寒冬一次又一次來臨一樣。巴菲特和林區這些投資大師經常提醒投資者，股市大回檔不可避免，總會發生的，千萬不要恐慌。如果你投資到股市裡的錢是再套也沒關係，根本不影響未來正常生活的閒錢，就長期放在股市裡。相信歷史規律，股市早晚會漲回來，而且會漲得更高。

不預測短期行情

—彼得·林區—

林區認為，「股價」既是投資者最容易找到的資訊，也是最沒有價值的資訊。

他同時注意到，由於有了短線投資者和一些專業的對沖基金管理人員，使得現在股票的換手率變得異常迅速，短期交易已經充斥整個市場，並且對市場行情產生了重大影響，造成市場的更大波動。

但是林區不贊同這種操作：「公司收益遲早會影響到證券投資的成敗，今天、明天或者未來一週的股價波動，只會分散投資者的注意力。」

從長期投資的角度來看，短期市場的震盪只是長期行情的一個很小的變動。因此在股市長期格局沒有變化的情況下，對於投資者而言，關鍵是選擇風格穩定、信譽良好的上市公司，以及適合自己風險偏好的股票，並且堅持長期投資。

富能量 10

巴菲特的價值投資與彼得·林區的趨勢投資

作者 康成福
美術構成 騾賴耙工作室
封面設計 九角文化/設計
發行人 羅清維
企劃執行 張緯倫、林義傑
責任行政 陳淑貞

企劃出版 海鷹文化
出版登記 行政院新聞局局版北市業字第780號
發行部 台北市信義區林口街54-4號1樓
電話 02-2727-3008
傳真 02-2727-0603
E-mail seadove.book@msa.hinet.net

總經銷 知遠文化事業有限公司
地址 新北市深坑區北深路三段155巷25號5樓
電話 02-2664-8800
傳真 02-2664-8801
網址 www.booknews.com.tw

香港總經銷 和平圖書有限公司
地址 香港柴灣嘉業街12號百樂門大廈17樓
電話 （852）2804-6687
傳真 （852）2804-6409

CVS總代理 美璟文化有限公司
電話 02-2723-9968
E-mail net@uth.com.tw

出版日期 2022年12月01日 三版一刷
2023年02月10日 三版五刷
定價 350元
郵政劃撥 18989626 戶名：海鴿文化出版圖書有限公司

國家圖書館出版品預行編目（CIP）資料

巴菲特的價值投資與彼得・林區的趨勢投資 ／ 康成福作.
-- 三版. -- 臺北市 ： 海鴿文化，2022.12
面 ； 公分. --（富能量；10）
ISBN 978-986-392-471-5（平裝）

1. 股票投資 2. 投資技術 3. 投資分析

563.53 111017905

SeaEagle

SeaEagle